Emil Philippson

Der Mönch von Montaudon, ein provenzalischer Troubadour.

Sein Leben und seine Gedichte

Emil Philippson

Der Mönch von Montaudon, ein provenzalischer Troubadour.
Sein Leben und seine Gedichte

ISBN/EAN: 9783743454439

Hergestellt in Europa, USA, Kanada, Australien, Japan

Cover: Foto ©ninafisch / pixelio.de

Manufactured and distributed by brebook publishing software
(www.brebook.com)

Emil Philippson

Der Mönch von Montaudon, ein provenzalischer Troubadour.

SEINEM INNIG VEREHRTEN, UM IHN HOCH VERDIENTEN

ONKEL UND GÖNNER

LESSER EPHRAIM

IN GÖRLITZ

IN TREUER LIEBE UND DANKBARKEIT

GEWIDMET

VOM

VERFASSER.

Die uns unter dem Namen des Mönches von Montaudon überlieferten provenzalischen Gedichte nehmen in der Troubadourdichtung eine so eigenthümliche Stellung ein, dass sie eine eingehendere monographische Behandlung wohl verdienen.[1] Dem Ende des 12. Jahrhunderts, also der eigentlichen Blüthezeit der südfranzösischen höfischen Poesie angehörend, athmen sie doch nur wenig von dem, was sonst den hauptsächlichen Gedanken- und Gefühlsinhalt dieser ganzen Literaturperiode ausmacht und in tausendfachen Variationen und oft spitzfindigen Ausführungen immer von neuem vorgebracht uns ihre Erzeugnisse nicht selten eintönig und individuellen Gehaltes baar erscheinen lässt. Zwar hat der Mönch von Montaudon, der Sitte der Zeit gemäss, ebenfalls 'eine Anzahl in ihrer Art vortrefflicher Minnelieder gedichtet, auch fesseln sie uns nicht wenig durch den darin sich offenbarenden scharfen Verstand und die häufige Anwendung passender, oft schlagender Vergleiche; doch fehlt es ihnen an Natürlichkeit und Wärme der Empfindung und man merkt es ihnen leicht an, dass der Dichter zu sehr Verstandesmensch war, um den überschwänglichen Gefühlen und Anschauungen der zeitgenössigen Liebesdichter nachzukommen. Höfischer Brauch verlangte es einmal, dass er auch der Liebe und der Schönheit seinen Tribut zollte, mit dem

---

[1] Etwas ausführlicher haben bisher von dem Mönch von Montaudon gehandelt:

Millot, Hist. litt. des Troubadours III. p. 156—175.

Hist. litt. de la France XVII. p. 565—568.

Diez, Leben und Werke der Troubadours S. 333—343.

Fauriel, Hist. de la poésie provençale II. 190—197.

Eine gute Characteristik giebt von ihm auch Fr. Hüffer in den Grenzboten, 28. Jahrgang 1869, 1. Semester, Bd. 2: Provenzalische Streit- und Rügelieder, S. 44 ff.

1

Herzen war er nicht dabei betheiligt. Die Waffen, die
er vor allen zu führen liebt — und wir müssen geste-
hen — mit Meisterschaft führt, sind die des Witzes und
des Spottes, und seine Pfeile richten sich nicht zum
Wenigsten gegen das Allerheiligste des ritterlichen Füh-
lens, gegen die Frauen. Lebenslustig, den Freuden der
Tafel und der Geselligkeit nicht abgeneigt, in seinen
poetischen Schöpfungen entschieden zu derber Realistik
neigend und selbst den Cynismus nicht verschmähend,
ein Mann, der die kleinen Schwächen und Fehler der
Menschen leicht bemerkt und schonungslos, mehr zur
eignen Belustigung, als zum Zweck der Besserung, auf-
deckt und lächerlich zu machen versteht, mehr dem
Waffenspiel der ritterlichen Kreise, als den Andachts-
übungen der Klosterzelle zugethan, so tritt uns sein
Bild aus seinen Liedern entgegen. Sein Spott und
seine Rüge betreffen zwar vorzugsweise die Kleinig-
keiten und Aeusserlichkeiten des Lebens, und seine
satirischen Gedichte haben nichts von dem rücksichts-
losen Ungestüm und der heldenhaften Gesinnung Bertran de Born's, von dem erhabenen Ernst und der
moralischen Kraft Peire Cardenal's oder der glühen-
den Leidenschaft eines Guillem Figueira, doch sind
sie darum nicht minder reich an interessantem Inhalt
und mannigfachem für die Culturgeschichte wichtigen
Material.

Was uns die Lebensnachricht [2]) über den Mönch
von Montaudon mittheilt, findet in seinen Liedern Be-
stätigung und lässt sich durch sie theilweise erweitern
und ergänzen. Danach stammt er aus adliger Familie
und sein Geburtsort ist die Burg Vic bei Aurillac in
der Auvergne, jetzt Vic-en-Carladès oder Vic-sur-Cère
genannt, im départ. Cantal, arrondiss. Aurillac. Vielleicht ein jüngerer Sohn des Hauses wurde er für den
geistlichen Stand bestimmt und in die berühmte Bene-

---

[2]) gedruckt in Mahn, Biographien der Troub. Nr. XIII.
nach Hs. B; Raynouard, Choix 5, 263; Parnasse occitanien
294; Mahn, Werke 2, 57.

dictinerabtei zu Aurillac³) (gegründet 892 von St.
Gerald, Grafen von Auvergne, damals zur Diöcese
Clermont, seit 1316 zu der davon abgezweigten St. Flour
gehörig, Gallia Christiana II. 285) als Mönch anfge-
nommen. Der Abt⁴) gab ihm dann die Priorei Mon-
taudon⁵), wohl weniger seiner geistlichen Eigenschaf-
ten wegen, als um dem jungen lebenslustigen adligen
Manne eine einträgliche und freiere Bewegung gestattende Stellung zu verschaffen. Jedenfalls wurde der
neue Prior gar bald in der ritterlichen Gesellschaft
seiner Nachbarschaft eine bekannte und beliebte Per-
sönlichkeit. Seine den Damen dargebrachten poetischen
Huldigungen, sowie die witzigen Sirventesen, zu denen
ihm die Verhältnisse und Vorfälle der Gegend hinrei-
chenden Stoff boten, machten ihn überall zu einem gern-
gesehenen Gesellschafter, und zuletzt veranlassten ihn
die Freunde sogar, die Stille des Klosters überhaupt
zu verlassen und inmitten des fröhlichen Treibens auf

---

³) Die Geschichte dieser Abtei siehe in Gallia Christiana
II. 439 ff. Einiges auch in Bouillet, *description hist. et sci-
entif. de la haute Auvergne.* Paris 1834. Letzterer spricht
S. 151 von unserem Mönche, nennt ihn *Pierre de Vic ou Pierre
d'Auvergne, surnommé le Monge ou le Moine de Montaudon,*
und setzt ihn, darin Millot folgend in's 13. Jahrh. Seine Angabe beruht auf einer offenbaren Verwechselung mit Peire
d'Alvergne aus Clermont.

⁴) Es wird der von der Gall. Chr. II. 444 als 20. Abt von
Aurillac erwähnte Eblo oder Ebbo zw. 1144 und 1169, oder
noch wahrscheinlicher sein Nachfolger Petrus V, zuletzt in
eiuer Urkunde vom Jahre 1195 erwähnt, sein.

⁵) Von der Existenz oder geographischen Lage einer solchen
wissen wir sonst nichts, indem weder Gall. Chr. noch Bouillet
noch irgend ein geogr. Lexicon darüber Auskunft geben. Ety-
mologisch scheint es „*Berg des Aldus*" zu bedeuten, und es
würde nach Lage und Namen am ehesten noch zu dem vom
Dictionnaire Universelle de la France (Paris, Saugrain
1726) angeführten Flecken Montaud im Forez, Diöcese Lyon
stimmen. Wahrscheinlich aber war es, obwohl sie nach dem
Zeugniss der Biographie eine eigne Kirche besass, eine wenig
bedeutende Priorei, die durch die Wirren und Verwüstungen
des bald nachher ausbrechenden Albigenserkrieges, ohne Spuren
zu hinterlassen, ihren Untergang fand.

ihren Schlössern und Burgen ihre Gastfreundschaft zu
geniessen. Doch legte er das Mönchsgewand nicht ab
und verlor den Vortheil seiner Priorei nicht aus den
Augen; die reichlichen Geschenke, die ihm seine dich-
terischen Erzeugnisse einbrachten, wandte er ihr zu und
trug dadurch nicht wenig zur Hebung ihres Wohlstan-
des und zu ihrem äusseren Gedeihen bei.

Als wandernder Sänger trat er mit den ersten Männern und Machthabern der Zeit, den damaligen Lenkern
der Geschicke des abendländischen Europas in nahe
Beziehungen. So gewann er, wie uns Gedicht Nr. 12.
lehrt, die Gönnerschaft König Philipps II. August
von Frankreich und Richards Löwenherz und er-
freute sich besonders der „Milde" des Letzteren in hohem
Grade. Auch die Bekanntschaft des oftmals in Regie-
gierungsangelegenheiten in seinen südfranzösischen Besitzungen sich aufhaltenden Königs Alphons II. von
Aragonien machte er und fasste sogar den Entschluss
ihn in Spanien an seinem Hofe selbst zu besuchen.
Doch, ob nun dem Abt sein weltliches Leben missfiel,
oder ob er es selber nicht länger mit seinem geistlichen
Kleide vereinigen zu können glaubte, er führte aus irgend welchem Grunde seine Absicht nicht sogleich aus
und ging in seine Priorei nach Montaudon zurück (Siehe
Ged. XII. v. 31–32.) Ein bis zwei Jahre (XII. v. 10)
verlebte er hier in klösterlicher Zurückgezogenheit, und
schon glaubten ihn die alten Freunde und Gönner für
die Welt verloren, als im Jahre 1193 (wie uns die damals gedichtete Tenzone Nr. XII. zeigt) der Wunsch,
in das Leben an die Höfe der Grossen zurückzukehren,
in ihm sich unwiderstehlich regte. Am liebsten hätte
er seinen alten Wohlthäter Richard Löwenherz aufge-
sucht; da dieser aber zur Zeit grade sich in der Gefangenschaft befand, beschloss er sich an den Hof Alphons II. von Aragonien zu wenden. So trat er denn
vor seinen Abt in Aurillac hin und, sich auf die viel-
fache Förderung berufeud, die die Priorei Montaudon
durch ihn und seine Thätigkeit als wandernder Troubadour erfahren hatte, bat er um die Erlaubniss, aus

dem Kloster scheiden und über die Einrichtung seines
künftigen Lebens sich die Weisungen Königs Alphons
einholen zu dürfen. Der Abt gab nach, gewiss nur mit
der Bedingung, dass er auch fernerhin den Gewinn
seiner Kunst dem Kloster zu Gute kommen liesse, und
der König gebot ihm Fleisch zu essen, dem Frauen-
dienst sich zu widmen, zu singen und zu dichten, —
Gebote, denen der Mönch gerne nachkam.[6] Er scheint
dann als Fahrender weit herumgekommen zu sein; in
dem 1194 entstandenen Gedichte, (Nr. XIIII.) wo er
St. Julien sich über die abnehmende Gastfreundschaft
beklagen lässt, bespricht er — und ohne Zweifel doch
aus eigner Anschauung und nach persönlichen Erfah-
rungen — Toulouse, Carcassonne, Albigeois, Catalonien, Perigord, Limousin, Quercy, Rouergue,
Gevaudan, Alvergne, Provence, Gascogne und
Vivarois; nach Canz. I. v. 75. hielt er sich längere
Zeit in Poitou, d. h. am Hofe Königs Richard, und in
Angoumois auf; auch nach III. v. 56 war er mit dem
„wackeren" Grafen von Angoulême befreundet, nach
XVII. v. 20 mit dem Grafen von Toulouse. Ob er
damals erst oder schon in seiner früheren weltlichen
Periode die Bekanntschaft Marias von Ventadour,
der er einige Liebescanzonen (Nr. I. IV. VII. u. IX.), gewidmet hat, sowie ihrer Schwester Elise von Montfort,
die er XIII. v. 17 lobend erwähnt, gemacht hat, lässt
sich nicht mit Sicherheit entscheiden.

Die Biographie erzählt dann weiter, der Mönch sei
zum Herren der Hofhaltung zu Puy-Sainte-Marie
gemacht worden, und habe das Amt erhalten, den Sperber zu geben,[7] Lange Zeit habe er diesen Posten

---

[6] X, 100 sagt er selber von sich: *et a laissat dieu per baco.*
— Dass übrigens ein Pfaffe in dieser Weise die Lebensart eines
wandernden Sängers führen durfte, steht nicht vereinzelt in der
provenz. Literaturgeschichte da. Man denke an Peire Rogier
Gausbert de Poicibot, Gui d'Uisel u. a. m. Vgl. Diez,
Poesie der Troub. S. 34. —

[7] Daher heisst es auch in Hs. *A* fol. 120ᵛ, in einer für den
Miniaturmaler bestimmten Bemerkung: *Lo Monges de Montau-*

inne gehabt, bis sich der Hof auflöste. Schon Diez, Poesie S. 27 — und Fauriel II. 191 folgte ihm hierin — hat auf die zum Verständniss dieser Notiz wichtige Erzählung der Cento novelle antiche von einem gewissen Alamanno hingewiesen. Hier wird der Hof von Puy Ste Marie[8]), dessen Pracht auch Richart von Barbezieux (Rayn. Ch. V. 434: *E si la cortz del Puei el ric bobans* etc.) gedenkt, uns genau beschrieben. Danach war es ein periodisch wiederkehrendes ritterliches Fest, zu welchem die Barone und Ritter, die Troubadours und Jongleurs aus ganz Südfrankreich zusammenströmten. Hauptzweck desselben waren ritterliche Spiele, dichterische Uebungen waren Nebensache und eine durch die Gelegenheit von selbst sich einfindende gern gesehene Verschönerung des Festes. Ein Sperber war auf einer Stange inmitten des Turnierplatzes festgebunden[9]), und wer für das betreffende

---

don, monego a caval cum I sparaver in pugno (Bartsch in Ebert's Jahrb. 11, S. 20). Doch findet sich der Sperber auf der Faust auch sonst als Abzeichen des Ritters, so Breviari d'Amor v. 7227 im Abschnitt *de la natura dels mezes de l'an* vom Mai (Eb.'s Jahrb. 2, 349):

Adonc s'entremet d'amar
Tota qu'es sentens creatura,
Per aysso mays en la penchura
Es peynhs a ley de chavalier
Sul punh portant son esparvier. —

Wie die Hist. litt. de la Fr. XVII, 565 obige Notiz auffasst, wurde der Mönch ein *porteur d'épervier du roi!*

[8]) Hauptstadt von Veley mit einer altberühmten Wallfahrtskirche der Madonna.

[9]) Man vergleiche dazu die Rolle, die der Sperber auf der Stange in den von den afrz. Romanen beschriebenen Turnieren spielt. Hier erklärt derjenige Ritter, welcher seine Dame den Sperber losbinden und herabnehmen lässt, dieselbe dadurch für die schönste aller Frauen und sich für bereit, diese Behauptung allen anders Denkenden gegenüber mit den Waffen zu vertheidigen. Siehe Erek v. 559 ff. 589. ff; Rom. de Durmart le Galois (im Auszuge mitgetheilt aus der Berner Hs. von Förster in Ebert's Jahrb. Bd. I. neue Folge, ib.) S. 62 ff; ebenso im deutschen Erek v. 188 ff. und im Parzival 135, 11. 178, 12. 277, 27. 406, 19.

Jahr die Kosten der Hofhaltung tragen wollte, hatte
ihn loszubinden und auf seine Faust zu nehmen. Ein
Sperber [10]) war auch jedenfalls der Siegespreis für den
besten Ritter, und somit will die Biographie wohl nichts
anderes sagen, als dass unser Dichter einer der vier,
von der Novelle erwähnten Preisrichter war.

Da zu dieser Zeit Robert I., Delphin von Auvergne
(1169—1234), bekannt durch seine prächtige Hofhaltung
und als Gönner der Troubadours, auch selber Dichter
und Richter des Gesanges, (Siehe Diez L. und W. 107
ff.) Veley besass, war er wohl der eigentliche Urheber
dieser Feste und der, welcher dem Mönch obiges Amt
verlieh.

Später, als das Fest eingegangen war, wandte sich
der Mönch nach Spanien und fand hier bei den Königen
und allen Herren und Edelleuten des Landes die gün-
stigste Aufnahme. Zuletzt gab ihm sein Abt eine von
der Abtei zu Aurillac abhängige Priorei in Villafranca
in Spanien, womit nur die von Barthélemy (Étude
sur lec établissements monastiques du Roussignol. Paris
1857, p. 32) erwähnte Benedictinerpriorei St. Pierre
de Belloc zu Villefranche in dem damals mit Catalonien verbundenen Roussignol gemeint sein kann,
wenngleich sie nach demselben Autor zur Abtei St.
Martin au Canigou gehörte. Nachdem er auch sie be-
reichert und mannigfach gefördert hatte, verstarb er
daselbst. Sein Todesjahr ist nicht festzustellen, jedenfalls erlebte er noch, wie die in der cobla esparsa
(Ged. Nr. XXI.) vorkommende Erwähnung König's Johann von England zeigt, die ersten Jahre des 13. Jahrhunderts.

Zu erwähnen ist noch, dass aus dem verloren ge-
gangenen Sammelwerke *Flores dictorum nobilium pro-
vincialium* im Originalmanuscript von Franc. da Bar-
berino's (1290 begonnenem) werke „*Documenta Amoris*"
Bl. 35 v. folgender Ausspruch des Mönches erhalten ist:

---

[10]) Auch im franz. Feste *de l'espinette* war ein goldner
Sperber der Siegespreis. Siehe Diez l. c.

*magis te sequor, amorem, ut sis mihi frenum ad vitia et
semita delectabilis ad virtutes, quam ut 'ui principii vi
fuerim tractus ad gloriam.* (Siehe Bartsch, Eb. Jahrb.
11, S. 50.). Dasselbe Werk berichtet dann noch Bl.
42 v. (Bartsch ib. S. 51) unter anderen Belegen zu
seinen *regulae moris* nach dem Mönch von Montaudon
eine in Montpellier spielende Erzählung.

Im Folgenden ist der Versuch gemacht, von den
uns überlieferten Gedichten des Mönches von Montaudon
einen möglichst lesbaren und kritisch sorgfältig redi-
girten Text zu geben. Dem Herausgeber standen ausser
den handschriftlichen Publicationen Mahn's, Grützma-
chers und Stengels, den mehr oder minder kritischen
Ausgaben einzelner Lieder in Raynouard's Choix, Rochegude's Parnasse Occitanien und in Bartsch's proven-
zalischem Lesebuch und Chrestomathie, noch durch die
gütige Vermittelung des Herren Prof. Ad. Mussafia
in Wien die betreffenden Copien aus der Estensischen
Hs. in Modena, sowie die der in Betracht kommenden
Vaticanischen Hss. durch freundliche Ueberlassung
seitens des Herren Prof. Edm. Stengel in Marburg zu
Gebote. Es hat ihm also nicht an dem nöthigen handschriftlichen Material gefehlt; das Wenige, was eine Be-
nutzung der noch restirenden Pariser Hss. ausserdem
hätte bieten können, hofft er in einem späteren Nach-
trage bald ergänzen zu können. Jedenfalls hat schon
jetzt bei gewissenhafter Ausbeutung der zur Verfügung
stehenden Quellen manches aufgehellt und gegenüber
den bisherigen Editionen verbessert werden können.

Ueberall sind die Abweichungen der Hss. unter einander unter dem Texte genau und vollständig gesam-
melt, sodass eine Nachprüfung des hier gegebenen leicht
ist. Nur rein orthographische Varianten[11]), Fehler gegen die Nominalflexion und unterlassene Elision des
auslautenden unbetonten *a* und *e* vor folgendem Vokal,

---

[11]) So z. B., wenn D. durchgängig *z* für *tz* im Auslaut
schreibt, *n* u. *m* in- und auslautend häufig verwechselt etc.

wo sie doch durch das Versmass geboten ist, sind übergangen worden, um den stellenweise schon etwas stark angeschwollenen kritischen Apparat nicht unnütz noch mehr zu beschweren. — Die Bezeichnung der Hss. ist die von Bartsch in seinem Grundriss zur Geschichte der prov. Liter. (S. 27 ff.) gegebene, auch sonst ist von seinen Abkürzungen beim Citiren bekannter Werke Gebrauch gemacht. In der Orthographie wird man mehrfach Abweichungen von der bei Raynouard u. Bartsch gebräuchlichen bemerken, indem mehr nach der der Hss. A, B, D und J geschrieben ist. Ueberhaupt galt als oberster kritischer Grundsatz beim Herstellen des Textes, die Lesart der genannten, C und den anderen weniger wichtigen Hss. gegenüber in näherer Verwandschaft zu einander stehenden Hss. [12]) möglichst durchgängig aufzunehmen. Nur wo sie unter einander variirten, oder einige derselben in Gemeinschaft mit C und dessen Angehörigen gegen A oder D sprachen, oder wo sie offenbare Fehler gemeinsam enthielten, ist von Letzteren abgegangen worden. Dass endlich ziemlich häufig das Recht der Conjecturalkritik benutzt wurde, ist bei dem Zustande unserer Ueberlieferung wohl erklärlich.

Die beigefügten Anmerkungen sind theils metrischer, theils kritischer sowie sachlich, sprachlich und litterarhistorisch erklärender Natur. Hoffentlich lassen

---

[12]) Dass dies wenigstens für die Ueberlieferung unseres Dichters der Fall ist, beweist schon eine flüchtige Prüfung des hier gebotenen Variantenapparates, sowie die mehrfach von den übrigen gemeinsam abweichende Schreibung in A, B, D und J, z. B. ign und ill für mouillirtes n und l (sonst meist durch nh und lh wiedergegeben), it für harten palatalen Auslaut (sonst verschieden durch ch, g, h, in Don. prov. S. 44b durch th ausgedrückt) etc. — Der Mangel einer genauen Prüfung des kritischen Werthes, den die zahlreichen prov. Liederhandschriften im Allgemeinen sowohl, als ganz besonders für die Liedersammlungen der einzelnen Dichter in ihnen haben, macht sich jedem Herausgeber provenzalischer Texte sehr fühlbar. Ihm abzuhelfen wäre ein ebenso verdienstliches, als beim jetzigen Stande unserer Kenntniss der Handschriften immer noch schwieriges Unternehmen.

sie keine Dunkelheit des Textes unberührt und bringen auch wirklich einiges Licht hinein. Bei den Canzonen ist des oft schwierig zu verfolgenden Gedankenganges wegen eine kurze Inhaltsangabe dem Commentar vorausgeschickt. — Schliesslich kann ich es nicht unterlassen an dieser Stelle noch einmal öffentlich meinen innigsten Dank den Herren Proff. Mussafia und Stengel für die grosse Freundlichkeit und Bereitwilligkeit auszusprechen, mit denen sie meiner Bitte um Ueberlassung der betreffenden Copien nachgekommen sind, sowie Herrn Prof. Tobler für das lebhafte Interesse und die mannigfache Förderung, die er mir sowohl überhaupt als auch speciell dieser Arbeit hat zu Theil werden lassen. Hat letztere einigen Werth, so verdanke ich es wesentlich diesen hochgeschätzten Männern.

Canzonen.

I.

1. Aissi com cel   qu'a estat ses seignor
   En son aloc   francamen et en patz,
   Qu'anc re non det   ni mes mas per amor
   Nin fo destreitz   mas per sas voluntatz,
   E poissas es   per mal seignor forsatz:
   Atressim fui   mieus mezeis longamen,
   Qu'anc re non fi   per altrui mandamen;
   Ar ai seignor   ab cui nom val merces,
   Amor, que a   mon cor en tal luoc mes
   On non aus dir   ni mostrar mon talen   10
   Ni per nuill plait   partir nom en puosc ges.

1. Benutzt *ADLO. MG.* 16 *B*, 396 *E*, 397 *S. Arch.* 35, 447 *U;* 49, 316 *P.*   2. a lou *LO.* son lonc *U.*   3. Can *O.* mes ni det *S.*   4. Ni *EOSU.* sa *LPSU.*   5. pueis si *L*, poi sai *O*, pois chae *S*, ora *U.*   6. Atressi fui men *O.* soi eu *LP.* Aissi me sui eu mes malamen *U.*   7. Can *O.* fis *L.*   8. ab cui *bis v. 9 zu Ende fehlt O.*   9. qem *P U.* en un tal *D.* un loc *L P* en tal loc mon cor *E.*   10. Quieu *E,* Cui *O.* mon talen *fehlt O.*   11. eissir *U.* me *S.* ies *A.*   12. Ges *L.* guerres

2. Anc nuills guerriers nom fez mais tal paor,
Que dels autres mi deffend ieu assatz
En fort castel o dinz mur o dinz tor,
O vauc fugen desgarnitz o armatz; 15
Mas ab aquest nom val senz ni foldatz,
Qu'inz en mon cor s'en entra e s'enpren,
Si que nuills hom nol ve nil au nil sen,
Tro que l'a ben a totz sos ops conques,
Eil fai semblar lo jorn an e l'an mes; - 20
Qu'en tal dompna ai mes mon pensamen
Qu'ieu cre qu'enanz m'en veigna danz que bes.

3. A nuill maltrait nom tengr'ieu la dolor
Que jam vengues d'autra nin for' iratz,
Mas de vos, domn', ai temens' e paor, 25
Car ai en vos compaigni' e solatz.
E car vos sui vostra merce privatz,
Nous sia mal, dompna, s'en vos m'enten,
Qu'ieu non o fatz, dompna, per lo mieu sen,
Mas per aquel d'amor que m'a si pres, 30
Que quand ieu cuit querr' autra quem plagues,

D, seignor O, Et n. seignur no S. fai L O P S. mais *fehlt* S. gran
paor O. Neguns mal traig nom fe paor U.   13. deffendri as. S.
14. Qen fons - en tor O, nd uisz mur o en t. L. De forz c. onages
muret en tor U.   15. On - o desnutz O, o en f. o denugs S. Me
fugeriu es garniz e a. U.   16. Ma daqest U. qest P.   17. Qe
inz (dinz O.) el cor L O P. sespren A D L P.   17—18: Quar
einz i sui cades plus mi pren Si qe nus hom non uau ni ue ni
sen U.   18. Et neguns S. au nil ue ne (nil O.) sen L O.
19. ben la D L O P S, ben ma E. Tan qe maia U.   20. Em E O,
Et S, Qem U. un an e mes U.   21. En L P. tal *fehlt* O. don
E.   22. Don pens O. tem S. venra D, me sia S. qe nainsz
nh aurai mal L. qenanz en au [rai dan] qe bes P. De cui eu
cug aver anz daze qem bes U.   23. *Strophe 3 ist in E die 6.*
Et S. E ia m. U. tengr'ieu] tengra B E O U. no teng a gran d.
S. adonors U.   24. Que (Si U.) per altra soffris (suffrir O.) ni
(eu U.) O S U. dal nin D. nim P. fos E L P S.   25. per uos O.
temsa D. es glai (glai S.) e temor O S U.   26. non aueiz c. U. ab
vos ai O. ab vos compagna S.   27. Mas car eu s.-naiaz U.   28. Per
qes es greus S. greus si euen (uas U.) uos O U.   29. Mas S.
Quar eu nol U.   30. per lo sen O S, un sen U.   31. Si E,

Per qu'oblides   lo vostr' entendemen,
La plus bella   mi sembla laida res.

4. E vos, dompna,   per vostra gran valor
Vos mezeissa   d'aisso m'aconseillatz,   35
Que ben sabetz   que nuills hom vas amor
Nos pot gandir   pois ve que ben li platz.
Qu'ieu m'en sui   tant defendutz e loignatz,
Que denan vos   non vauc ni nom presen
Ni aus vezer   vostre gen cors plazen;   40
Tal paor ai,   dompna, queus desplagues
S'ieu vos pregues,   dompna, car tem queus pes;
E s'aissius prec,   dompna, forsadamen
Nom en sia   ja peitz, si mieills nom n'es.

5. De totz conseills   vos darial meillor,   45
Bella dompna,   si vos m'en creziatz,
Que s'ieu vos prec   nom siatz de pejor
Acuillimen,   si mos prejars nous platz,
Et aissi er   totz temps lo dons celatz;
Car si de vos   mi partetz malamen   50
Et ieu vos sai   amic ni benvolen,

Que *fehlt U.* tal en cuit *D.* qan cuig qerere *L.* quant enquier a.
qe mi pl. *U.* 32. A *O.* Ab coblide *S.* 33. Ades mi membra lou-
ostr entendimen *U.* 34. *Die 4. Str. ist in E die 5. fehlt U* E donx
E S, A doncs *O.* 35. me cons. *D E S O.* 36. Car *A.* 37. No
pot g. *E S,* Nos pot gardar dir *O.* de re pois (mas *S.*) fort li
platz *E O S.* 38. esloignaz *D,* gardatz *E O.* 39. Que lai on
es *E O S.* 40. Que (Qeu *O.*) non veial *E O.* vostre bel c. *E.*
vostre c. plazen *O S.* Per qu'eu non vei *S.* 41. ques d. *D.* E
(Ainz *L P.*) prec amor que ia (ial *O,* in *L.*) cor nom (nous *S.*)
mezes *E L O P S.* *42—44 fehlen D.* 42. Quieu *B,* Qe *S.* De
vos amar *L O P.* qar tem dompna nous pes *L P.* qeu tem qes
pes *S.* 43. E sen (Esson *P*) aissi uos prec. f. *L P.* Et aissi
S. E scu nos prec *O.* 44. mesia *S.* siatz-pes *O.* Nom sia peisz
donna si mal *L.* 45. *D.e 5. Str. ist in E die 3, fehlt wie alles
Folgende in O.* 46. me *P.* mi credasaz *U.* 47. scus vos
pec *D.* de *fehlt B.* E siuus pr.-ges pelor *U.* 48. Acuilliez
mi *U* vos pl. *S.* 49. tostz t. *A.* Et enaissi cera lo digz c. *E.*
Ed aisim serai lodiz celaz *U.* lo digz toz temps *S.* toz repres *P.*
50. E si *E.* Mas eu mes part de uos uilanament *U.* 51. sui *D E.*

En prejarai　assatz lcu dos o tres
E pois sera　cuidat so que non es,
Car us fals ditz　entre la folla gen
Val atretan　com si vers proatz es.　55

6. Bella dompna,　de vostra gan valor
Non sai tan dir　que vos mais non ajatz,
Quar genser etz　e plus fresca color,
Que sia lai　el palais, on estatz,
Lo majer bes ，e la majer beutatz.　60
E cil ob vos　an mais d'acoindamen
Que amon joi　e solatz e joven.
Mas ieu no soi　ges dels nescis cortes
Qu'ab un esgart　se fan drut demanes;
Mas dc mi a　passat dos ans o tres　65
Qu'ieus soi privatz　qu'anc de re nous enquer.

7. Mas de bon cor　vos am tan finamen,
Que non avetz　ni cozi ni paren
Qu'ieu non am mais　que mi ni tot quant es.
Et s'icu penses ，quc nus n'apercebes,　70
Totz temps, dompna,　vos anera seguen
Col girasol　quel solleil sec [ades].

---

ni] e *L* Eder non usai-volez *U.*　52. Cun *B.* leu assatz *E.* E
presera assaz los conuinent *U.*　53. crezut *E*, cuida *P.* Pois
soi uencut si faz co qe no es *U.*　54. maldigz *S.* foldiz entres
las follas genz *U.*　55. com sera vers proatz *L.* proaz fora
vers *P.* con uerdiz sis pro es *U.*　56. *Die 6. Strophe nur in*
S und als die 4. in E und U. — Bona *S.*　57. Non dic eu
tan *U.*　58. lo melz es e de maior honor *S.* Lo maier es del
maier honors *U.*　59. Qe si en tot lo pais *S U.* honestaz *S.*
60. El m. prez *E.* De plus ric loc ni de maior solaz. *U.*　61. cab
E. Et qui mais an ab uos *S.* Edencuiai maior entendimen *U.*
62. Cil qamon prez *S.* Cels qe amor prez ni solaz non uen *U.*
63. Mai-lo nesc. c. *S.* Mas eu en sai de cel en si c. *U.*　64—66: *in*
S erst Vers 66, dann 2 andre Verse: An tem falir al uostre
mandamen Per lo gran captenemon qen uos es.　64. Qe sem-
blanz se fan druz deuianes *U.*　65. Qella dcme p. *U.*
66. Qeu lai amad anc de ren nolonges *U.*　67—69 *in E u. S,*
das übrige nur in S.　68. amic ne p. *S.*　69. l'am *S.*
71. lon anera *S.*　72. Com la giratlors-seies *S.*　76. a lor

8. Ben m'agra vist   l'Avergnatz plus soven
   A Monbriso   et tuit mei benvolen,
   Mais tengut m'an   Petaus et Engolmes,   75
   Et ges ab lor   no sembla l'an un mes
   Et eu nescis   per que me tol lo sen
   Na Maria;   nou a par de toz bes.

II.

1. Aissi com cel   qu'a plait mal e sobrier
   Que non auza   escoutar jutjamen,
   Que per dreit pert   tot so quo vai queren,
   E metria   tot lo plait voluntier
   En dos amicx,   per far bon acordier: 5
   Ab plait d'amor   et ieu fauc atretal
   Qu'ab ma dona   sai be que dreitz nom val,
   Per qu'ieu amor   preguei et a merce
   Del plait d'amor,   qu'eu aquestz dos mi cre
   Quem poirion   far jauzen e jojos   10
   De lei on dreitz   nom poiria esser bos.   —

2. Mas per que ges   no li prec ni l'enquier,
   Quem en val dreitz,   ni que vauc tot languen,
   Pus tort nom fai   em honra finamen
   Em a solatz   adreit e plazentier?   15
   Que ges non ai   taut malvatz escudier
   Quill nol honre   aitau, si dieus mi sal,
   Con hom deu far   son amic natural,
   Et ja non er   tant irada de re
   Qu'ill no ria   de bon cor quan mi ve,   20
   E platz li fort   mos enans e mos pros,
   E veus lo tort   quem fai totas sazos.

3. E conosc be   que fol sen e leugier
   Ai s'ab aitan   nom en tenc per manen;

S. — P. überliefert noch als Anfang einer 6. Str. folgende zwei
Zeilen: A cen doblas e mais doblaz plus Qe non soill mes da-
mor lo greu fais.
   II. C. MG. 395   6. O. pl.   b. pregui   11. lai   12. Mas
pus de re no la pr.   13. plus lang.   25. sim fauc que que-

Per dieu, si'n fauc 'quez ieu eis vau dizen   25
Que re nom faill   de tot quan m'a mestier,
Mas quar noill   aus mostrar mou cossirier
De tal guiza   qu'a lieis no saubes mal,
E pueis agra   tot gauch entier cabal.
Mas ges non ai   tan d'ardimen en me   30
Que loi digua   pus nos taing nis cove,
E pueis dopte,   s'ill camge mas razos,
Qu'ill me camge   lo solatz el respos.

4.   Quar d'aisso au   denas trop mal mestier
  E plus cella   qu'a ric pretz e valen,   35
  Que si l'amatz   per plan acordamen
  En dreit solatz   e per plan alegrier,
-   Amara vos   ab fin cor et entier;
  E s'etz forsatz   per fin amor coral,
  Que forsals rics   els paupres per engual,   40
  Que la preguetz   de cor per bona fe
  E l'ametz mais   que no soletz ganre,
  Aqui meteis   se partira de vos.
  Eus volra mal   eus metra ochaizos.

5.   E tenra vos   per son mortal guerrier   45
  Et om' auzau   mais de neguna gen.
  Qu'el mon non [a]   juzieu tan mescrezen
  Ni sarrazi   ni borzes renovier,
  Que si l'amatz   huei mais que no fetz hier,
  Qu'ill mais nol am   com que sia de mal   50
  E noil n'aja   solatz plus cominal.
  E ja dompna   nous lo tenra a be
  E volraus mal,   e diraius ben per que:
  Quar anc auzetz   esser tan erguillos
  Que l'amassetz   mais d'autra que anc fos.   55

---

zieu man dizen.   30. e me.   39. ses.   46. E non auen.
47. a *ist eine Vermuthung von Mahn.*   50. Quelh-nous am-
de eal.   51. E nous   52. o tenra.   53. diraus.   55. autre.

III.

1. Aissi com cel   qu'om men' al jutjamen
    Que es per pauc   de forfait acusatz
    Et en la cort   non es gaires amatz,
    E poiria ben   erstorser fugen,
    Mas tant si sap   ab pauc de faillimen   5
    Non vol fugir   mas vai s'en lai doptos:
    Atressi m'a   amors en tal luoc mes
    Don nom val dreitz   nil aus clamar merces,
    Ni del fugir   no sui ges poderos.

2. Bona dompna,   si ieu fos lejalmen   10
    En vostra cort   mantengutz ni jutjatz,
    Lo tortz qu'ieus ai '   fora dreitz apellatz,
    Qu'ieu m'en puosc ben   esdir per sagramen,
    Doncs contra mi   non avetz nuill garen
    Qu'ieu anc faillis,   dompna cortes' e pros,   15
    Mas car vos am   e tot quant de vos es
    E car n'aus dir   en maintz rics luocs grans bes;
    Veus totz los tortz,   dompna, qu'ieu ai vas vos.

3. Per aital tort   mi podetz longamen
    Gran mal voler,   dompna, mas ben sapchatz   20
    Que per ben dir   vuoill trop mais quem perdatz,
    Quem gazaignetz   vilan ni maldizen;
    Quar d'amor son   tuit siei fait avinen,
    E pois hom es   vilans ni enojos,
    Pois en amor   non a renda ni ces;   25
    Amar pot el   mas d'amor non a ges
    Sil fait eil dit   tuit no son amoros.

III. *Gedruckt MG. 1342 B, 967 N. Arch. 35, 446 U*; *49,
318 P. Rayn. 3,449. M W. 2, 58. Ausserdem noch benutzt hier
A u. D. Diez, L. u. W. S 335 ff. übersetzt Str. 1—3.* 2 E N P.
os per D.   4. porias U.   5. Mas car U. sen cap. N.   6. vas
s'en D, e vai *Rayn. U.*   8. non N U.   9. de del fugir D.
10. lialmen *Rayn.*   12. ei N U.   14. pus vas me *Rayn.* auiz
n. D.   16. qant am uos U.   17. e mainz B.   18. Ves vos
B D, Veez P. tot lo tort *Rayn. U.*   20. mas ben vuelh que
sap. *Rayn.*   21. que N. uoil mais qe malm uoiliaz U.   25. ren-

4. Ben fai amors ad honrar finamen,
Qu'al mon non es tant rica poestatz
Que non fassa totas sas voluntatz,   30
E tot quant fai es trop bon e plazen;
E dieus i fetz molt gran enseignamen
Quan volc que tot fos mesur' e razos,
Sens e foldatz sol qu'az amor plagues,
E paratges noi des ren ni tolgues   35
Pois fin' amors se metri' en amdos.

5. Bona domna, non crezatz l'avol gen
Quez ieu fezes de mi doas meitatz
For de mon cor que s'es en vos mudatz,
Qu'en un sol luoc ai ades mon enten;   40
E sapchatz ben qui en dos luocs s'enten,
Res non es meins de nesci voluntos;
E ges nul temps nom plac tal nescies
Ni tal voler, ans ai amat de fes
Com fins amanz deu far ses cor felos.   - 45

6. Bem lau d'amor quar m'a donat talen
De lieis on es pretz e sens e beutatz,
Enseignamenz, conoissens' e solatz;
Res noil es meins, mas que merces noil pren
De mi d'aitan que m'esgardes rizen   50
E quem fezes semblan de bel respos;
Ab sol aitan for' ieu gais e cortes

---

dra *N*, atendra *P*. atenda ges *U*.   27. Sil dich eil faich *B*.
28. Bem *Rayn*.   30. ne facha *D*, noi fazon *U*, faiz a toptas
sa v. *P*.   31. es *fehlt N*, tan bon *Rayn*. e tot bon *U*, trop e
bon e pl. *P*.   32. deus fezi *N*.   *33—34 fehlen P*.   34. Gens
B. Sen afoldaz *N*. que am. *N*.   35. pora ges *P*. noil des *U*.
36. finamens *B*. e se m. *D*.   37. *Die 5. und 6. Str. fehlen N
und P. U erst die 6., dann die 5. Str.* creaz *D*.   *39 ist mir
unverständlich, besser wäre zu lesen:* Car mais mon cors no
s'es vas vos mudatz.   40. nun sol *U*.   41. Er *D*.   42. neci
B.   *43—45. lautea in ABD:* Ab sol aitan for ieu gais e cortes. E ia non noil pois meins de vint e tres. Del sobreplus el
sieu bel plazer fos.   46. damom *D*.   47. De lei amar don es
sens *U*.   48. cortezia e s. *U*.   49. non es *B D U*. mos que *D*.

Que mi **amar** mi donz non desdegnes,
Del sobreplus el sieu bel plazer fos.

5. Al pros comte voill que an ma chansos 55
  D' Engolesme, si vol la rend' el ces
  Que ieu conques, que ieu voill per un tres
  Qu'a mi non faill Luneills ni Araguos.

IV.

1. Ara pot madomna saber
  Qu'eu ges nou chant nim don joi ni solatz
  Pel gent estiu ni per las flors dels pratz;
  Qu'ella sap be que mais a de dos ans
  Qu'ieu non chantei ni fon auzitz mos chans, 5
  Tro qu'a leis plac que per son chanzimen
  Volc' qu'eu chantes de leis celladamen;
  Per que ieu chant e m'esfors com pogues
  So far e dir qu'al aviuen plagues.

2. E cel que son pauquet poder 10
  Fa voluntiers, non deu esser blasmatz,
  Ab que del plus sia la volontatz
  El acuillirs el gaugs el bels semblans,
  E que sia liáls e fis amans,
  Qu'en un sol loc aja tot son enten. 15
  Cel qu'aitals es val mais mon escien
  Ad obs d'amar non fai ducs ni marques,

---

52. Qar *U.* 53. *fehlt A B D.* E saria pos ma vida car no es
U. 54. *fehlt B.* el sieu placer i fos *D.* Qel- al s. *Rayn.* al- i
fos *U.* 55. *Die Tornade findet sich nur bei Rayn.*
 IV. *Gedruckt M G. 309 J,* 404 *G,* 405 *S. Arch. 35,* 412 *U.*
1. Aram *J.* 2. nim deport nim solas *R.* Queu non chantei ni
ac j. *S U.* 3. Del *J.* Pel temps destiu *S U.* 4. be *fehlt J.*
Quar il s. *S.* 6. per plan eh. *S.* plac per son gran iauzimen *U.*
7. Qe mo mandet un iorn *U.* delleis *J.* 8. Per quer mesforz
com en chantand p. *S.* E per so *U.* 9. cals avinens *R S U.*
10. *Str. 2 und 3 stehen in J in umgekehrter Folge.* Quaicel —
petit p. *S.* E *fehlt U.* 12. A qel *S.* y sial v. *R S.* sia *U.*
13. gabs el *S.* gai el bel solaz *U.* 14. verais e f. *R.* 15. ai
J. sol *fehlt R.* Et quen un loc *S.* 17. *fehlt R.* 18. riccaz

Quar sa ricors   cujarial valgues.

3. Aitals vos son ab ferm voler,
   Bona dompna   de fin cor, so sapchatz,   20
   Em son per vos,   domna, tan meilluratz,
   Que trastotz vius   e sans e gen parlans
   M'era trop loncs   recrezutz d'er enans,
   Trom venc en cor,   domn' ab cors covinen,
   Qu'eu vos preges,   don fi gran ardimen;   25
   Anc mais no fi   ardit tan bem vengues,
   Car gazaignar   posc e perdre non ges.

4. Pro gadaing car me datz lezer
   Qu'eu chant de vos,   bona domna, nius platz;
   Per so, domna,   si mais m'en faziatz,   30
   Vostre mezeus   seria totz l'enans,
   Quar ben petit   de ben for' a mi grans
   El gran benfait   penri'eu eissamen
   E rendrial   guizardon per un cen,
   Non ges tau. ric,   domna, com s'i tainges   35
   Car per totz temps   n'estari' ab merces.

5. E pois merces nom pot valer
   Ab vos, domna,   us messagiers privatz

S. Quassai ricor cuidaria ualgues U.   19. *Die 3. Str. ist in R die 4.*   20. *fehlt S.* de fin cor *fehlt J*, de bon cor *R.*   21. Car per vos soi *R.*   22. Que trastotz parlars *R.* ben parl. *S,* Que vios e sas donna e g. *U.*   23. O sera *J.* del tot r. *R S U.* desenans *R.*   24. Trom venc *fehlt R*, al cor *R,* Tro a vos plac d., ab *fehlt S.* den ab cor *R.*   25. De figr. ard. *R.* Queus enquesi (enquezes *U.*) dun (de *U.*) si gr. *S U.*   26. fi afars *R.* Mais anc ardit no fi tan bon prezes *S.* Anc en ardir non cre tan be preses *U.*   28. *Str. 4 ist die 3. in R.* — Pro me datz *R.* lezer] poder *U.* Pro gadagnai car degnaz uoler *S.*   29. de uos *fehlt R.*   30. me *R.* Et se de plus, dompna *S U.* menanciaz *S,* moquaisonaz *U.*   31. ne seria l. *S.*   32. petit seria *R.* Cuns petit dons dompna seria granz *S U.*   34. rendra uon g. *R,* rendrai vos g. *S.* rendriam g. *U.* francamen *R S U.*   35. mas no *S.* com a (de *U.*) uos couengues *R S U.* taisses *J.*   36. mais — tem estera a m. *R,* Mas totz t. mais nestaria m. *S.* Mais *U.*   37. *Str. 5 und 6 fehlen R.* Et se *S U.* non uol ualer *S U.*   38. cus *J.*

2*

Parle per mi   qu'ieu no'u sui aisinatz.

S'eu n'ai passat   un pauc vostres comans,   40
Perdonatz me,   bona domna prezans,
Qu'eu vos tramis   un messatg' avinen:
Mon cor que ser   me laisset endormen,
Qu'eu tenc vas vos,   domna, et ab vos es;
De bon luoc mou,   mas en meillor s'es mes.   45·

6.   E ja, domna, nou vuoill aver
Ab mi mon cor,   mais am que vos l'ajatz;
Quar anc un jorn   non poc estar en patz,
Tant ai en vos   pausatz totz mos talans;
E pois en vos   ai pausatz totz mos sens,   50
Mal estera   s'era merces nous pren
Es met en vos,   pois sabetz veramen,
Quals es vas vos   la mia bona fes
O qual afan   trai cel qu'amors a pres.

7.   Na Maria ben deu amar mon chau   55
Que a la fin   e al comensamen
Se daur' ab vos   e a .mais de plazen.
Per vos val mais   Ventadorn e Tornes
  ·   ·   ·   ·   ·   ·   ·

V.

1.   Aissi com cel   qu'es en mal· seignoratge
E non troba   merce ni chausimen
Ab son seignor,   anz car lo raub' el pren

Bona d. *S U.* message *S.*   39. Parles *J.* seu *S U.* no soi enseg-
naz *S.*   40—41. Bella dompna per deu no sia danz. seu petit
passei vostre comanz *S.*   42. Qe iaus *S*, Qeus trametei us *U.*
43. un ser qem *S*, lautrier qen *U.*   44. En uos remas-en uos
S. Ab uos reman *U.*   45. moc *S*, mos *U.*   46. *Str. 6 fehlt*
S.   48. non puet *U.*   49. talens *J.*   50. mes tans *U.*
51. estela *J*, era *fehlt U.* merces] de mi *J.*   52. sabrez *U.*
53. uos *fehlt J.* uos de bona *U.*   55. *Das Geleite hat nur U.*
bens.   57. ab mais de presen.   58. Per noi.
V. *Gedruckt M G. 15 B, 394 J, 395 R. Ausserdem hier*
noch benutzt A D u. F (nur Strophe 5). Die 5. Str. bei Diez
L. und W. S. 336 anscheinend nach B mitgetheilt u. übersetzt.
1. e mal *B.*   2. Que *R.*   3. seignoraus car *J.* may tan quel

Si volria   mudar de son estatge
Sobre seignor   queil fos de bon usatge: 5
Atressim voill   mudar de sa baillia
De lieis que m'a   mort en sa seignoria,
E sai'n autra   que anc re non mespres,
Et es sos cors   gais e bels e cortes
Et amam fort   mas non per drudaria.   10

2.   E car anc tant   non aic de vàssalatge
Queil auzes dir   mon cor ni mon talen,
Ni o farai   tant com aja mon sen,
Mas dieus m'en don   tal mal don eu enratge
Qu'ieu loil diga   tot plan per auranatge;   15
Qu'estiers non sui   tant arditz qu'ieu loil dia,
Tal paor ai   que la bella paria
Qu'ieu ai ab lieis   nom loignes nim tolgues;
Mas ja puois mais   preveire noi vengues
Que ja per ren   viu nom aconsegria.   20

3.   D'aitan fui fols   e fezi gran follatge,
Com cel que pres   a estat longamen
Et es estortz   e puois vai enqueren
Tal rén per qu'om   lo torn' en preisonatge:
Atressi vau   enqueren mon dampnatge.   25
Qu'ieu er' estortz   d'afan e de foillia
E voill tornar   lai on amors m'aucia;
Mas tant m'es doutz   entre cen mals us bes

---

r. R.   4. Ques R.   5. Sabes J, Son brau R. de mon us.
D J.   6. la bauzia R.   8. E am R. sai dautra J. re fehlt R.
9. E sos cors bels e iais e c. R.   10. am R. aman plus fort —
pot dr. J.   11. Die 2. Str. ist in R die 3. anc non aic tan de
D, anc en mi tal v. J. Mas ieu non aic tant anc de saluatie R.
12. Queu lauses J.   13. me dur mon s. R.   14. mi don J.
enerage D, emerage J.   15. blan D. de plan aur. R. Que lor
dia tot per plan autarage J.   16. Questet — que J.   17. sa
bella A.   18. nim tolgues] fehlt J. me vedes en t. R.   19. pe-
rueires C. (Siehe M G. 1,240 Anm. zu XV.) E ia pueisas lo
preire noy R.   20. ia fehlt J. aconseguiria J. uieus R.
21. Str. 3 fehlt R. faitz aital f. J.   22. ai e. A.   24. torn
puois en B.   26. da folia J.   29. anc queu nagues J. agues

Que nom membra   d'afan qu'ieu anc n'agues.
Veus tot lo mieills   per ver qu'en amor sia.   30

4.   Mas sim preses   amors en son guizatge,
    Que denan lieis   auses seguramen
    Dire mon cor   qu'ieul ai celadamen,
    E qu'ill vas mi   non camges son coratge
    Ni nom fezes   son bel solatz salvatge, —   35
    Si aquest guit   amors far mi volia,
    Jamais en mi   nuills hom non peccaria
    Qu'ieu nol guides   tan com mos poders es,
    Et ab lo guit   bon ostal noil fezes:
    Aital coven,   amors, vos en faria.   40

5.   Bella dompna   miei uoill vos son messatge,
    Que res el mon   non lor es tant plazen
    Com vos, dompna,   e tuit vostre paren
    E cill que son   de vostre franc lignatge;
    Qu'ieu n'ai baisatz   maintz uoills e maint visatge 45
    Car semblavon   de vostra compaignia.
    E n'ai faita   ja mainta romevia
    Qu'anc non preguei   dieu que d'als mi valgues,
    Mas quant de vos,   que en cor vos mezes,
    Que saubessetz   com ieus am ses bauzia.   50

6.   Ses bauziaus   am e ses cor volatge
    Per la beutat   e per l'enseignamen

B D. 30. lo meis *J.*   31. *Str. 4 ist die 2. in R.* E si *R.*
guiatge *A B D J.*   32. Que li uengues denan s. *R.*   33. Direl
bon cor *R.*   34. E no camges e uas me s. c. *R.*   35. Ni me
f. *B J*, Ni men *D.*   36. quest *J.* E si aquest gaug *R.*   37. nos
p. *R.*   38. nol volgues *J*, guies *A B D.* cant mos *D.*   39. mon
ostal *A B.* mon estat *D*, mon bon ostal noil fes *J.*   40. Aquest
R.   41. *Die 5. Str. ist in R die 4.* Bona *F R.*   42. del mon-
luir *J.* Quen tot lo mon als non lur es paruen *R.*   43. vos
fehlt D. Mas il es dona e li uostre p. *R.*   4S. de lo uostre l.
R.   45. uey baisar *R.*   46. Que *R.*   47. faita domna ia *D.*
romenia *D*, raumaria *F*, romaria *J.* *Diez*, pueys m. rotmazia *R.*
48. Cant *J.* tant mi v. *A D F J.*   49. Mas de uos domna quen
D F J. me mezes *R.*   50. eu am *J.* Que sol saupses *R.*   51.
Die 6. Str. ist in R die 5. e *fehlt J.*   53. verais *D J.* lacuill

Pel verai pretz   e per l'acuillir gen,
Pois forsam en   amors per agradatge,
A cui det dieus aitan de seignoratge,   55
Que cui el vol   destreing e pren e lia.
Car li miei uoill   m'ant mostrada la via
Ab que ieu eis   me sui liatz e pres,
Et anc non cuit   mais a pres avengues,
Qu'ieu sui mortz pres   e plus mortz quim solvia. 60

—

VI.

1.   Mos sens e ma conoissensa
     M'an fait en tal luoc chauzir
     Don mi valgra mais sufrensa,
     Qu'ara noi puosc avenir
     Ni ges nom en sai partir;   5
     Donc ben fatz gran faillimen
     S'ieu sec so que nom aten,
     Mas dieus mi lais segre tan
     Queil sia encar denan.

2.   E ja denan noil seria,   10
     Si la sua grans ricors
     Vas mi noil dessovenia
     E quel no'n forses amors,
     Qu'ieu non ai autre socors.
     Pero fait n'ai la meitat   15
     Et ill feira gran bontat,
     S'en l'autra part tant fezes
     Don alcus bes m'en vengues.

---

gen *J*. Pel gai solatz e per laculhimen *R*.   54. E *R*.   55.
dieus a dat tan de poderatie *R*.   56. cui ques uol *J*. Que sel
quel play estaqui pren *R*.   57. E que li-an *D*. Cab eis mos
buelhs *R*. ma m. *J R*.   58. En quieu mezeis *R*.   59. cabres
D, quapres *J*. a pres mays no cug *R*.   60. quinz *J*.
     VI. *Gedruckt Mahn G. 409 C, 410 J. Hier noch benutzt*
A und D.   4. Mas ges nom *C*.   6. faiz *D*, fai *J*, fau *C*.   7. Sen
J. ses *D*.   9. enquer *C*.   11. Sella ua *D*.   12. descouenia
J.   13. que lan *A C D J*. forsos *J*.   14. noi *C*.   16. beutat
J.   18. De que *C*. mi *J*.   19. delleis *D J*. non *C*.   24. val-

3. E ja de leis bes nom veigna
    Totz temps li serai aclis,   20
    Qu'amors mi mostra em enseigna
    Qu'ades en ric luoc m'aizis;
    E si del ben nom jauzis,
    La honors men valra mais
    Que d'autre luoc us rics jais;   25
    Doncs s'ieu am a grand honor,
    Per quem virarai aillor?

4. Aillors no vir mon coratge
    Ni o farai ja per re,
    Qu'anz li fatz lig' omenatge   30
    Eil refier gratz e merce
    Per amor del palafre,
    Don sim laisset davallar.
    Doncs noi ac pro al mieu par,
    Non qn'amors fai l'uzurier,   35
    Qu'ades on mais a, plus quier.

5. Pero del querrem laissera,
    S'amors tan nom en forses,
    Si que del tot m'en loignera,
    S'aquest amor oblides.   40
    Mas per so l'estau de pres,
    Quar m'alegral sieus vezer,
    E preira leu pel jazer
    Un dous esguart amoros
    E pel baisar bel respos.   45

6. Bel respos mi pogra faire
    La bella vas cui soplei,
    Sim disses senes cor vaire
    „Be!s amics, a vos m'autrei."

---

gra *D.*   25. dautra part *C.*   27. virarei *DJ.*   29. faria per
C.   30. Ans *C.* dreig *C.* homa'ge *D.*   32. palare *J.*   34. non
ai˙ ac *D,* noi a *J.*   35. laisurer *J.*   35. Mas qu'amors *wäre
besser zu lesen.*   37. *Str. 5 und 6 finden sich nur in C.*
42. malegret sieu.   43. len   46. poyra   52. Lo sieu
ostal sera.

Qu'el mon non a duc ni rei,   50
Qu'ieu camges per totz sos fieus
Sil sieus ostals fora mieus,
On guarda son cors novel
Sobre totas beutatz bel.

VII.

1. Ades on plus viu mais apren
   E mais sai de mal e de be
   E mieills sai conoisser en me
   Et en autrui foldat e sen.
   Mas quils autres afollia   5
   E si meteis non chastia,
   Non obra ges a dreit garan;
   E cil quem blasman quar non chan
   Degran blasmar   los lor faitz deschausitz,
   Qu'ieu chantera   si chantars fos grazitz.   10

2. Qu'ieu non chasti ni no repren,
   Que chascus sap cossis chapte,
   Mas gen fora qu'om vis en se
   So que conois en l'autra gen.
   Mas ben dic que pauc valria   15
   Chans si d'amor no movia;
   E de mi a passat un an
   Qu'amors nom tenc ni pro ni dan

VII. *Steht in AJKd. (Mönch von M.), CHPR. (Gui
d'Uisel), L. (anonym); gedruckt MG. 189 C. 402 J, 403 R.
Arch. 49,287 P. hier noch benutzt ABL.* — 1. uey CLR. mais
uei plus H.   2. sa J.   3. *fehlt* H.   4. Esz P. autre C. fou-
datz AL.   5. Cel |qui ditz tot (tot *fehlt* J.) iorn follia AJ,
Mas cel qelz autres (qi autrui LP.) follia CHLP.   6. Es meteis L, Conois e se P.   7. ges *fehlt* L. guazanh ACR, gauan
J.   8. selh-blasma CR. qieu L. hieu chan P.   9. Degrom J.
10. Jeu J. E mi del chan si cantatz H. E mi del chantar f. L.
Ho mi del chan sil chan no f. CR. E ni del chan sil chans non
f. P.   11. Jeu CR.   12. Quar CR. consi J. conte L.   13. E
f. gent CR. ueis P.   14. quel-el autrui J. en autrui L.   15—17
fehlen J.   15. beus HP. be o L. Mas sapchatz CR.   18. non
taing J, tent H.   19. fui g. J. Mas er pus uei quel CR, Mas

Mas ieu sui gais   que jois d'amor m'es guitz;
Coven qu'ieu chant   qu'a dreit port sui issitz. 20

3.   Qu'amors m'esmenda ben e gen
     Los mals qu'ieu n'ai sofertz ancse,
     Qu'amar mi fai per bona fe
     La meillor e la plus plazen,
     E tal qu'a en sa baillia   25
     Tot quant ieu voill ni querria.
     Qu'anc natura non trobet tan
     Qu'autra'n fezes del sieu semblan,
Qu'en lieis es jois   restauratz e noiritz
Qu'era aillors   sordeiatz e faillitz.   30

4.   Lo cors a gai e covinen˙
     Entier que res noi descove,
     E beutatz noi va ni noi ve
     Anz i a fait son estamen.
     Jois e pretz e cortezia,   35
     Solatz senes vilania,
     Covinen dit e fait prezan
     Segon ab lieis, et es aitan
De totz bos aips   sos gens gais cors garnitz,
Que totz los mals   n'a loignatz e faiditz.   40

5.   Lo cor el cors el pensamen
     Ai en lieis que d'als nom sove,

auras can uei *H L*. Mas cras conosc camor *P*.   20. port son
effitz eissitz *J*.   21. me menda *H*.   22. que *C R*. hai *L*.
24. ualen *C R*.   25. El tal cau en si b. *J*. cal qe ha *L*.   26.
quant iois uol *C R H L*. ni valors querria *P*.   27. Anc *C R*. ob-
ret *C H L P R*.   28. Caltram *(auch P.)* fasses *J*. de son *C R L*.
29. floritz *L*.   30. Queira *J*, Quer *R*, Quant aillors es *L*. alons
C.   31 Quel *P*. gen e c. *J*.   32. Ha dreich *L*. non *R*.   33. non
ua *R*. ni ue *A J*. ni *fehlt C R P L*.   34. An la faitz *J*. au fag
C. lur estamen *C R*, poder estamen *P*, sen e feamen *H*. esca-
men *A*.   35. *Das erste e fehlt P.*   36. *Diese Zeile steht
zweimal P.* ses *P*. E solatz ses *C H L R*.   37. preson *J*.
38. Saiorn *J*, Soiornon allieis esz estan *P*, Soiornon ab luy (leis
H L.) et estan *C R H L*.   39. es (et *R*.) son gens cors g. *C H L P R*.
es sos cors g. *J*.   40. E de totz mals deslonhatz (al. *L*.) *C L R*,

Ni ja pensar no vuoill de re
Mas quant del sieu enansamen.
Plus qu'en la mar non parria   45
L'aigua qui plus n'i metia,
Non pareis el sieu cors prezan
Lo bens qu'ieu dic de lieis lausan.
Pero vers es so   quel proverbier ditz,
Que bos pretz creis · on plus loing es auzitz.   50

6.   Dompna, nous prec ni nou enten
    Que vos m'ametz, que nos cove,
    Car sitot creziatz merce,
    Paratges sai queus mi defen;
    Mas d'aissous prec sius plazia,   55
    Dompna, que s'ieu ren dizia
    Queus fos plazen ni benestan,
    Que de vos n'aja sol aitan,
Mi voill' onrar   vostre gens cors chansitz;
Vos non er dans   el mieus jois n'er complitz. 60

7.   Si ja razos nom diziaj
    Que de mi dons Na Maria
    Parles re que vos benestan,
    Veritatz mi fai dir d'aitan;

Etaitz los mals aloingnet *J*, E tot los m. an lieis e f. *P*, E-an
loignatz *H*.   41. cors el cor *HJLP*.   43. de me *CR*.   44. car
J. enseignamen *HL*.   45. Mas plus quen lamar parria *CHLPR*.
46. Daigua *CR*. mais *HL*, mais ne *P*.   47. al sieu ric pretz
gran *HLP*. par-ses enjan *CR*.   48. Lobeir *C*.   49. reprop-
chiers *CPR*, reprovers *L*, repilpchiers *H*.   50. creis *fehlt*-
loignat *AJL*. lom *H*.   51. *Die 6. Str. fehlt CR*, Dompna ieu
HP.   52. maues *J*. ni nos *HJLP*., non *P*.   53. Que *P*.
54. qem ni *A*. rete *ACDJLR*.   55. das daisous *J*.   56. sui
tendi sia *J*.   57. Qe *HL*.   58. paia *J*. uos fos (fos *fehlt H*.)
e si daitan *HP*. Que de uos fos. E si daitan *L*.   59. Que sia
honratz *A*. Quis *J*. Mi uol *HLP*.   60. Ans *J*. er *LP*.   61. a
r. nom *J*.   62. Quieu *CDHPR*.   63. qui fos ni b. *J*, ni deisses
b. *HP*. Parles re *fehlt L*.   64. Vertatz dire aitan *CHLP*·
Vertatz ne far dir aitan *R*.   65. Que *(auch L.)* sos-sobrels

Quel sieus noms es   sobr'autres noms grazitz 65
El sieus faitz es   de pretz cims e razitz.

VIII.

1. Aissi com om   que seigner ochaizona
   S'es tort, dompna,   quan l'a en son poder,
   El quer merce   e no la'n vol aver,
   Anz lo ten tan   tro que del sieu li dona,
   M'ochaizonatz   quar vos platz eus sap bo,   5
   Em avetz mes,   dompn', en vostra preizo.
   Mas ja de me   non auretz rezemso,
     Qu'enans vuoill que pres mi tegnatz,
     Dompna, que sim deslivravatz,
     E non cuit qu'om anc mais vis pres   10
     Qu'esser deslivratz no volgues.

2. Mas saber vuoill,   dompna mieiller de bona
   E la genser   qu'om anc pogues vezer,
   Si m'auciretz,   que nous puosc mal voler;
   Qu'ieu non o cre   nim semblatz tan fellona,   15
   E vos gardatz   vos en de faillizo.
   Qu'atressi faill   seigner vas son baro
 . Col bars vas lui,   sil men' outra razo.
     E per so que vos no faillatz,
     Pus pres m'avetz, nom auciatz;   20
     Vaillam ab vos ma bona fes
     Et humilitatz e merces.

3. Que s'ieu fos reis,   vos agratz d'aur corona;
   Tan vos mi fai   abelir e temer

autres *J R*.   66. E siey fag son *C R*. Eil sieu faitz son *J H L P*.
sima *C*. ama e ratz *L*.
   VIII. *Steht in D*ª*J K (Berenguier de Palazol), C. (Guillem
de Berguedan), C reg. R (Mönch von Mont.), E (Guillem Ma-
gret), f (Aimeric de Belenoi), gedruckt M G. 156 C, 399 R,
400 J. (auch Keller, Guillem von Berg. Nr. 1 C.).* — 1. Senhor
C.   3. ual *J*. laî *R*.   4. laten *R*.   5. sabon *J*.   7. au-
ret *C*.   10. cre fos mais nuls hom pres *R*.   13. gensor *C*.
14. quieu *R*. nos *J*.   15. Jes *R*. que siatz t. *R*.   16. defaliso
C J R.   18. pars *C*.   19. uos] pûs *R*.   27. gazardo *R*.

Vostra beutatz   on ai mes mon esper,   25
Si qu'az autra   mos cors nos abandona;
E membre vos,   dompna, del guizardo,
Que loignamen   ai servit en perdo;
Mas fe que deg   a mon bel compaigno,
D'una re mi soi acordatz: 30
Cossi que vos en captegnatz,
Vos amarai, ous plass' ous pes,
Mar mout volgra mais queus plagues.

IX.

1. S'ieu vos voill tan gent lauzar
   Com taing a vostra valensa,
   Na Maria, cui dieus gar
   De mals, ben sai ses faillensa
   Que totz temps m'er a pensar;   5
   Pero conoissensa
   E jois e pretz vos agensa
   E tuit benestar.

2. E sabetz tan ben parlar
   E mostrar bella parvensa   10
   Lai on la devetz mostrar,
   E far bella captenensa,
   Que quius ve non pot estar
   Senes entendensa
   De vostre pretz qui ades gensa   15
   Dir et enanzar.

3. Et anz qu'om sia sebratz
   Denan vos, qu'i esta guaire
   Es ab lo vezer pagatz
   Del ben qn'en deu pois retraire.   20

28. Quan R. uos ai R.   31. en] uon R.   32. plasaus ous p. R.
   IX. Steht H J K d (Gausbert de Poicibot), Dᵃ (Mönch von
Mont.) G. (anonym); gedruckt Arch. 34, 397 H; hier noch benutzt Dᵏ   4. Derauos oder demuos? D, de motz H.   9. gen
p. H.   14. Sim sentendenza D. Si no a ent. H.   16. et
fehlt D.   18. qui en ai g. D.   26. daizo que H.   29. e

Qu'ab bels ditz amesuratz
Vos faitz pretz atraire
Tal, qu'en vos a son repaire
Tot so qu'als bos platz.

4. Et aicel qui es pagatz,   25
Primiers de so que deu faire,
Ab plus fermas voluntatz,
Segon so que m'es veiaire,
O deu far e plus viatz;
E neis d'autr' afaire   30
Se deu per aquell' estraire,
Si gen n'es pregatz.

5. Jovenz e bellas faizos
E jois et humils semblansa
E bels cors gais amoros   35
Plazens ab dous acoindansa
Vos fan tan plazer als pros,
Que chascuns enansa
Vostre pretz e vostr' onransa,
Dont nais bos ressos.   40

6. Tant a de ric ben en vos
Qu'on om plus ve, ses doptansa,
Vostre bel cors gai joios
Plen de joi e d'alegransa,
E plus n'es om desiros;   45
E non a pesansa
Lo jorn queus ve ni erransa
Ni es consiros.

Sirventesen.

X.

1. Pois Peire d'Alvergn' a chantat
Dels trobadors que son passat,

---

fehlt H.   31. aquel *D H.*   33. Joues *H.*   36. ad douza cu-
indansa *H.*   40. resos *D.*   41. ricor en *H.*   42. Com *H.*
46. no a *H.*

Chàntarai eu mon escien
D'aquels que pois si son levat;
E no m'ajon ges cor irat   5
S'ieu lor crois mestiers lor repren.

2. Lo primier met de Saint Leidier
   Guillem que chanta voluntier,
   Et a chantar mout avinen;
   Mas quar son desirier non quier   10
   Non vuoill aver lo sieu mestier,
   Car es d'avol acoillimen.

3. El segons de Saint Antoni
   Vescoms qu'anc d'amor nos jauzi
   Ni fo de bel comensamen,   15
   Car la primieira s'eretgi,
   Si qu'anc pois autra no queri.
   Siei uoill nuoit e jorn ploran s'en.

4. E lo tertz es de Carcasses
   Miravals ques fai mout cortes   20
   E dona son castel soven;

X. Gedruckt R. 4, 368. MW. 2, 60. Bei P. Meyer, Les
derniers troubadours Paris 1871, p. 136 die Strophen 2—4,
6—8, 10, 13, 15, 17 nach C, J, biblioth. nation. 12474 u. 22543.
Hier noch benutzt A. D. u. L. Uebersetzt ist es von Kannegiesser, Ged. der Treub. Tübingen 1852, S. 230; von Diez, L.
u. W. S. 337, Str. 1. S. 349, 7. S. 338, 17.
  1. Per daluergne D L.   2. qu'en Rayn.   3. Chantarai
al D, a Rayn. ieu al mieu L.   4. leva D, si fehlt L. pueissas
an trobat Rayn.   5. E ia non aian D L.   6. maluaichs faich
D. Rayn, maluasz motz L.   7. Lo primers (primes L.) es D.
Rayn. P M. disder D L. Desdier Rayn. P M.   8. Guillems D L.
Rayn. P M.   9. pro dauinen A. chantat mot au. L, Rayu. P M
10. el son destrer D. deseret A.   11. pot auer null bon m. B'.
Rayn. P M.   12. Et D L. Rayn. P M. ta uol L.   13. Los D,
Lo L. Rayn. P M.   14. nos felht D, non L. Rayn. P M.
15. Ni no fez bon c. D L. Rayn. P M.   16. seretga A, seratgi
P M. 'l a tray Rayn. Qab la primeira se reten L.   17. Et anc
D L. Rayn. P M. al re D. P M. altre no conqi L. re non li qu.
Rayn.   18. ploram P M.   19. ters Rayn.   20. qesz D. que fai
motz Rayn.   21. Que D.   22. sta L. lan ges D L. Rayn P M.

E noi estai ges l'an un mes
Ni anc mais calendas noi pres,
Per que noil ten dan quil se pren.

5. El quartz Peirols us Alvergnatz   25
    Qu'a trent' ans us vestirs portatz,
    Et es plus secs de leign' arden
    E sos chantars es sordeiatz;
    Qu'anc pus s'i fon enbaguassatz
    A Clarmon, no fetz chan valen.   30

6. El cinques es Gaucelms Faiditz
    Que de drut s'es tornatz maritz
    De leis que sol anar seguen;
    Non auzim pois voutas ni critz;
    Ni anc sos chantz no fon auzitz   35
    Mas d'Uzerca entro qu'Agen.

7. El seizes Guillems Ademars
    Qu'anc no fo plus malvatz joglars;
    Et a pres maint vieill vestimen
    E fai de tal loc ses chantars   40
    Don non es sols ab trenta pars;
    E veil ades paubr' e sufren.

8. Ab Arnaut Daniel son set
    Qu'a sa vida ben no cantet,
    Mas fai uns motz qu'om non enten,   45
    Puois la lebr' ab lo bou casset

---

23. Et *L, Rayn. PM.* 24. ten om *L.* no i ha-qu'il *Rayn.*
25. Lo *DL, Rayn.* 26, XXX *AD.* tres ansz *L.* ans *fehlt D.*
vestitz *L.* 27. seichs *L.* 28. es sos chantars *Rayn.* toz sos
ch. *D.* peioraz *D, Rayn.* E totz ses ch. peiuratz *L.* 29. se fo
D. se fa en hagassatz *L.* 30. fes *L, Rayn.* 31. cinquen-
ioselms *D.* 32. es de drut *Rayn.* drutz *L.* 33. amar *L.*
34. au bom *L.* ne *D.* 36. dun sege *L.* qaien *D,* entroc airen *A.*
37. sei sens *L.* Guilelms *L.* 40. tals lo *L.* 41. a XXX *AD.*
es a sos trenta p. *Rayn.* 42. ueilla des *L.* 44. Qab *L.*
45. Mais uns fols moz *DL, Rayn. PM..* 46—47. Canc pois
per suberna nadet. ni la lebre ab lo lou casset *A.* 46. ca-
chet *L.* 47. Encontra *L.* 48. ual *L.* 49. *Die 9. Str. ist*

E contra suberna nadet,
No valc sos chantz un aguilen.

9. El oites Arnautz de Mervoill
   Que totz temps es de paubr' escuoill,   50
   Car si dons no'n a chauzimen
   E fai o mal quar nel acuoill,
   Qu'ades claman merce siei uoill;
   On mieills chanta, l'aigua'n deissen.

10. En Tremoletal Catalans   55
   Qui fai sonetz leugiers e plans,
   E sos chantars es de nien,
   E teing sos pels com s'er' aurans;
   Ben a trent' ans que for' albans
   Si non fos pel negre oignemen.   60

11. Saill d'Escola es lo dezes
   Que de joglar es faitz borges
   A Bragairac on compr' e ven;
   E quant a vendutz sos arnes,
   El s'en torna en Narbones   65
   Ab uns fals cantars per prezen.

12. El onzes Giraudos lo Ros
   Que sol viure d'autriu chansos,
   Qu'es enoios a tota gen;

---

in D, L, Rayn. die 10. — El nouens *D L.* noues *Rayn. P M.*
maroill *D L.* N Arn. *Rayn.*   50. Qades lo uei dauol escoill
D, L, Rayn. P M.   5L E si *D L, Rayn. P M.* no a *L.* non a
Rayn. P M.   52. o *fehlt L.* non *D.*   53. seill *D.*   54. plus
chanta *D L. Rayn. P M.* laiga$_\mathrm{n}^\mathrm{u}$(?) *A.* dissen *A. Rayn.*   55. *Die*
10. Str. ist in D, L, Rayn. die 9.   56. leuez *D L.* sos sos le-
vetz *Rayn.*   58. En ten son cap *D L.* con fai autras *D,* com
aorans *L.* peinh *Rayn.*   59. XXX. A *D.* foral tans *D.* alrans
L.   60. lo negrezimen *Rayn.*   61. de Scola *Rayn.*   62. ses
D L. Rayn.   63. *fehlt L.* Brairaiac *D.*   64. vendut son *Rayn.*
coruos *D L.*   65. sen uai puois *D L. Rayn.* arbones *D,* nerbo-
nes *A,* a brazares *L. Nach 65 noch in L:* E conpra cuen en
narbones.   66. un *D L. Rayn.* chantar *D.*   67. lonçems es
girauz *D L.* L'onzes es Guiraudetz *Rayn.*   68. vieure *Rayn.*

3

Mas car cuidava esser pros, 70
El se parti del fill N'Anfos
Que l'avia fait de nien.

13. E lo dotzes si es Folquetz
De Marceill' us mercadairetz,
Que a fait un fol sagramen 75
Quan juret que canso no fetz,
Qu'ieu aug dire que fo pro vetz
Ques perjuret son escien.

14. E lo trezes es mos vezis
En Guillems Moyses mos cozis, 80
Per qu'ieu no'n aus dir mon talen;
Mas ab sos chantaretz frairis
S'es totz pejuratz lo mesquis,
Donzels vieills barbutz ab lonc gren.

15. Peire Vidals es dels derriers 85
Que non a sos membres entiers;
Et agrail ops lenga d'argen
Al vilan qu'era pelliciers;
Que anc, puois si fetz cavaliers,
Non ac puois membransa ni sen. 90

16. [Guillems de Ribas lo quinzes
Qu'es de totz fatz menutz apres,
E canta voluntiers non gen,
E percassas fort, sil valgues,

69. es *L.* 71. Si *D L. Rayn.* fi *L.* dels filhs *Rayn.* 72. avian *Rayn.* 73. dosens *D L.* sera *D L, P M.* es En *Rayn.* 74. mercadarez *D L.* 75. Et *L. Rayn.* 76. ueret *D.* non fes canso *A L.* (no qber non *fehlt).* 77. Perjur nos an say dig *Rayn.* Et ainz *D. P M.* ditz on *D,* disen *P M.* fo per uetz *D,* per ner fo *A.* E dis hom qe per auer fo *L.* 79. trezens *D L.* molt *D.* 80. En *fehlt A. Rayn.* lo marques *Rayn.* 81. E non uoill dire *D L. Rayn.* 82. chantars es *L.* Car ab los seus chantars *Rayn.* 83. perjuratz *A D L.* 84. Con d. *D L.* ab *fehlt D.* barba ab l. *L.* Et es viells ab barba et ab gren *Rayn.* 85. *Matfre Ermengau citirt diese Str. im Brev. d'Am. (Chrest. 317, 1—6 u. M G. I, S. 185.* 88. ab lui lanquera *D.* qu'er uns p. *Rayn.*

Car nuill tems nol vim bel arnes,   95
Anc vieu ses grat e paubramen.]

17. Ab lo setzesm' i agra pro:
Lo fals monge de Montaudo
Qu'ab totz tensona e conten;
Et a laissat dieu per baco,   100
E quar anc fetz vers ni canso,
Degral om tost levar al ven.

18. Lo vers fel monges e dis lo
A Caussada primeiramen
E trames lo part Lobeo;   105
A 'N Bernat son cors per prezen.

XI.

1. Gascs pecs laitz mendics e fers,
Dictatz e faitz a revers,
A totz mals liges e sers,
Qu'us non cre quet en sofraigna,
E de totz bos aips esters,   5
Sil ver dire en sofers,
Fellon sirventes quem quers
Ajas tal com a te taigna.

2. Tan pauc vals en tos afars
Que not valria lauzars   10
Mas laidirs e folleiars,

---

91. *Die 16. Str. lautet in A D und L: G.* de R. es lo quinz (quin-
zens *D,* quinzins *L*). Que es maluatz de fors e dinz. E chanta
(chantan *L.*) sos uers raucamen. Et es ben freuols sos retinz.
Catrestan en faria us pinz. Siei huoill semblon (sembla *D L.*) de
uout dargen (esser dargen *D L.*).   97. n'i aura *Rayn.* n'i a *P M.*
98. morgues de Montaldon *D.*   102. tosc *A.*   103. *Das Geleite*
hat nur Rayn.
    XI. *In A D J K: Gausbert de Poicibot. CR: Mönch von*
Montaudo. Gedruckt M G. 406 C, 407 J. Hier noch benutzt A.
1. Gasc *A J C.* pec *J.* latz *J.* joglars *C J.*   2. Endechatz *C.* de-
chaz *J.*   3. litges *C.* fers *A.*   4. qe ren *J.*   6. Si tu uer
dir en (direm *C.*) s. *C J.*   7. quenquers *J.*   8. tu *A J.*

Qu'ad autrui notz, te guazaigna;
Que d'al re non iest joglars,
Vieills secs plus fels qu'us avars,
Comols de totz mals estars   15
E ses tota bona maigna.

3. Dreitz not daria ni plaitz
Qu'aver deguesses benfaitz,
Qu'a tota gens iest énpaitz
Cui enueja ta compaigna,   20
Qu'enfrus e glotz iest e laitz;
Mas quar iest vieills e defraitz
E frevols com us contraitz,
Vol merces qu'om s'i afraigna.

4. Gascs malastrucs ab sen pec,   25
Pois grans paubreitatz te sec,
Ja lo sieu not tenra nec,
Sitot d'autres s'en estraigna,
Lo reys, qu'om noi aconsec,
Si trop non a forbit bec.   30
Mas a te dara ses pec,
Quar iest de pauca bargaigna.

5. E si en ballan t'en vas,
Joglars caitius dolens las;
Mil vetz per portas iras   35
Batutz e tiratz per faigna.
De lui mi tenc per certas
Que non al cor flac ni bas,
Qu'un don de ton pretz n'auras
Ses tenson e ses mesclaigna.   40

---

9. toz *J.*   11. lagz dirs *C.*   12. Qui autruy *C*, cauz autrui *J.*
13. ros-es *A*, ren-en *J.*   17. *Die 3. Str. fehlt* in *A.* nem platz *J.*
18. deguessaz beus fatz *J.*   21. Que frus-ellatz *J.*   26. Pus
tan gr. paubreirat s. *CJ.*   27. Ja no lot tenra a nec *A.*
28. dautre *A.*   29. acossec *C*, aussec *J.*   31. tu *A.*   32. es
A. yest *C.*   33. Si anbelian *C*, san balian *AJ*, si en ballan]
Vermuthung von Mahn.   34. joglar caitiu dolen *C.*   35. uilas *C·*
36. et iratz *A.*   39. Cum *J.*   43. sai'que pauc *A.*   44. Qua-

6. E si nuills dels ti mou laigna,
   En l'ostal ton seignor as
   Tos ops so pauc que viuras,⁷
   Qu'en aost t'aten lo vas
   E non er quit plor nit plaigna.   45

7. Dels majestres te compaigna,
   Guasc, que d'els te jauziras,
   E sil sirventes retras
   A lor nebotz, ben sabras
   Que non er' obra d'araigna.   50

Tenzonen.

XII.

1. L'autrier fui en paradis
   Per qu'ieu sui gais e jojos,
   Car me fo tant amoros
   Deus a cui totz obezis,
   Terra mars vals e montaigna,   5
   Em dis „morgues, car venguis
   Ni com estai Montaldos
   Lai on as major compaigna?"

2. „Seigner, estat ai aclis
   En claustra un an o dos,   10
   Per qu'ai perdut los baros;
   Sol car vos am eus servis
   Me fan lor amor estraigna;
   En Randos cui es Paris
   Non fo anc fals ni gignos,   15
   El e mos cors crei quem plaigna."

quest an *A.*   46. Sels *J.* ta A*CJ.*   49. Allor neboz *J.*
50. deraingna *AJ.*
  XII. *Gedruckt R. 4, 40, PO. 294, MW. 2, 64, Chrest.*
127 CEJ. (in den Varianten wird auch R angeführt). Hier
noch benutzt Dᵃ. Uebersetzt bei Diez, L. u. W. S. 340. Kanne-
giesser, l. c. 237 — 1. Lautrer *D,* L'autr'ier *Rayn.*   3. fez *D J.*
ₜan mi fon *CE. Rayn.* ·   4. tot *Bartsch, Rayn.*   5. Ter *D.*
6. quan *CER. Rayn. PO.* monge *immer Bartsch und sonst Rayn.*
9. estat *fehlt D.*   12. Quar sol *ER.* e *E.*   13. *fehlt CER.*

3. „Morgues, ges eu non grazis
Si 'stas en claustra rescos
Ni vols guerras ni tensos
Ni pelej' ab tos vezis,   20
Per que bailliat remaigna;
Ans am eu lo chant el ris,
El segles en es plus pros
E Montaldos i gazaigna,“

4. „Seigner, eu tem que faillis   25
S'eu fas coblas e chansos,
Qu'om pert vostr' amor e vos
Qui son escien mentis;
Per quem part de la bargaigna;
Pel segle que nom n'aïs,   30
Me tornei a las leizos
E'n laissei l'anar d'Espaigna.“

5. „Morgues, ben mal o fezis
Que tost non anes coichos
Al rei cui es Olairos,   35
Qui tant era tos amis:
Per que lau que t'o afraigna.
Ha, quantz bos marcs d'esterlis
Aura perdutz els teus dos,
Qu'el te levet de la faigna.“   40

6. „Seigner, ieu l'agra ben vis
Si per mal de vos no fos
Car anc sofris sas preisos.
Mas la naus dels Sarrazis
Nous membra ges cossis baigna;   45

Hinter 14 hat C noch: Vas cuy nulhs bes non sofranha.   16. que
E.   E crey que mos cors elh pl. *C. Rayn. P O.*   17. not *R.*
Rayn.   18. S'estas *Rayn. C E J.*   19. tengos *D.*_   20. pelega
D. sos *C.*   21. quel *C E J. Rayn.*   22. be ieu *R.*   23. segle
D. quen es *C,* en es *E. Rayn.*   24. montaldon *D.*   26. Si *C.*
Rayn. ni *C E. Rayn.*   27—28. uostre *bis* son *fehlt D.*   30. Per
D J.   31. Men *R.*   34. Quar *C.* aniest *C E J. Rayn.*   35. so-
lairos *D.* Salaros *Rayn.* Salaíros *Bartsch.*   42. noi *D.*   43. las

Car se dinz Acres coillis,
Proi agr' enquer Turcs felos.
Fols es quius sec en mesclaigna."

XIII.

1. Autra vetz fui a parlamen
   En cel per bon' aventura;
   E feiront li vout rancura
   De las dompnas queis van peignen;
   Qu'ieu los en vi a dieu clamar   5
   D'ellas qu'ant fait lo teing carzir,
   Ab queis font la cara luzir
   Del teing, com lo degran laissar.

2. Perom dis dieus mout franchamen:
   „Monges, ben aug qu'a tortura   10
   Perdon li vout lor dreitura,
   E vai lai per m'amor corren,
   E fai m'en las dompnas laissar,
   Que ieu non vuoill ges clam auzir,
   E si non s'en volon giquir,   25
   Eu las m'anarei esfassar."

3. „Fins dieus seigner, bon chausimen
   Devetz aver e mesura
   De las dompnas, cui natura
   Es que lor caras teingant gen;   20
   Et a vos non deu enojar,
   Nil vout nous o degran ja dir
   Car jamais nols volrant soffrir
   Las dompnas denan lor, som par."

R. 45. barganha *R.*   46. Acres *fehlt*, quillis *D.* anc res *C.*
ncras quils *J.*   47. Pro agron que t. *C E R.*
   XIII. *Nach A. Gedruckt bei R. 4, 42. M W. 2, 62. Inhaltsangabe Diez, L. u. W. S. 340.* — 2. El *Rayn.*   3. E'l vout
fazion *Rayn.*   5. los n'auzi *Rayn.*   9. ditz *Rayn.*   14. *fehlt*
A.   16. m' *fehlt Rayn.*   17. Senher dieus, fi m'ieu, ch. *Rayn.*
18. deutz *A.*   19. que *Rayn.*   20. cara tenguon *Rayn.*
21. Ni 'ls *Rayn.*   29. E d.-ab mi par *Rayn.*   30. fas *Rayn.*

4. „Monges, dis dieus, gran faillimen   25
Razonatz e gran falsura
Que ja mia creatura
Se gensa ses mon mandamen.
Doncs serion cellas mieu par,
Qu'ieu las fatz totz jorns enveillir,   30
Si per peigner ni per forbir
Podion plus jovens tornar.“

5. „Seigner trop parlatz ricamen,
Car vos sentetz en l'autura;
Ni ja per so la peingtura   35
Non remanra ses un coven,
Que fassatz lor beutatz durar
A las dompnas trosc' al morir,
O que fassatz lo teing perir,
Qu'om no'n puosc' el mon ges trobar.“   40

6. „Monges, ges non es covinen
Que dompnais gens' ab penchura,
E tu fas gran desmezura,
Car lor fas tal razonamen;
Si tu o volguesses lauzar,   45
Ellas non o degran sofrir,
Aital beutat qu'el cuer lor tir,
Que perdon per un sol pissar.“

7. „Seigner dieus, qui ben peing ben ven,
Per qu'ellas se donon cura,   50
E fant l'obr' espess' e dura,
Que per pissar nois mou leumen.
Pois vos no las voletz gensar,
S'ellas gensois, ja non vos tir,
Abanz lor o devetz grazir,   55
Sis podon ses vos bellas far.“

---

34. sin letz *A.* l' *fehlt Rayn.*   35. sola *Rayn.*   37. las b.
Rayn.   38. *En-tro Rayn.*   40. non *Rayn.*   45. denhesses
Rayn.   47. Aitals beutatz *A.*   54. se genson, no *Rayn.*
57. *Dieser Vers und alle folgenden fehlen in A. —*

I

41

8. „Monges, peingers ab afaitar
Lor fai maintz colps d'aval sofrir,
E nous pessetz ges que lur tir
Quant om las fai corbas estar."   60

9. „Seigner, fuocs las puosca cremar,
Qu'ieu non lor puosc lor traucs omplir,
Ans, quan cug a riba venir,
Adoncs me cove a nadar."

10. „Monges, tot las n'er a laissar,   65
Pois pissars pot lo teing delir;
Qu'ieu lor farai tal mal venir
Qu'una non fara mais pissar."

11. „Seigner, cui que fassatz pissar,
A Na Elys devetz grazir   70
De Montfort, qu'anc nos volc forbir,
Ni n'ac clam de vout ni d'autar."

XIV.

1. L'autre jorn m'en pogei el cel,
Qu'anei parlar a Saint Michel
Don fui mandatz;
Et auzi un clam quem fo bel:
Era l'aujatz.   5

2. ˙Saintz Julianz venc denant deu
E dis „deus, a vos me clam eu
Com hom forsatz
Dezeretatz de tot son feu
E malmenatz.   10

3. Car qui ben voli' albergar,

XIV. *Gedruckt Muss. 436 Dª. Der erste Theil R. 4, 277;
MW. 2, 65; PO. 296. nach CEJR. Der zweite Theil MG.
393 J. Uebersetzt der erste Theil Diez L. u. W. 342, Kannegiesser
l. c. S. 237, der zweite im Auszuge nach Millot mitgetheilt Diez,
L. u. W. 339.* — 1. al *Rayn. PO.*   6. Sanh Jolias *Rayn. PO.*
9. Desitaz de son *D.*   13. Qu'ieu 'l *Rayn.*   14. noi *Rayn PO.*

De matin solia pregar
Queil fo privatz;
Era noil puo6c conseill donar
Ab los malvatz.   15

4. Qu'aissim an tolt tot mon poder
   Qu'om nom prega matin ni ser;
   Neis lor colgatz
   Laissan matin dejus mover;
   Ben sui antatz.   20

5. De Tolsan ni de Carcasses
   Nom plaing tant fort ni d'Albiges,
   Com d'altres fatz;
   En Cataloign' ai totz mos ces
   Ei sui amatz.   25

6. En Peiragore e'n Limozi,
   Mas lo coms el rois los auzi,
   Sui ben amatz.
   Et a'n de tals en Caerci
   Don sui pagatz.   30

7. De lai Roergu' e Guavalda
   Nom clam nim lau qu'aissis esta;
   Pero assatz
   J a d'aquels qu'unsquecs mi fa
   Mas voluntatz.   .   35

8. En Alvergne senz acoillir
   Podetz albergar e venir .
   Desconvidatz;
   Qu'ill non o sabon fort gen dir,
   Mas bon lor platz.   40

 9. En Proensa els sos baros
    Ai ben enoara mas razos.

puoie D.   21. Tolza *Rayn. P O.*   23. d'altras *D.*   26. pei-
ragou - limoz *D.*   31. Roergu' *P O.* en Gav. *P O. Rayn.*   35. Ma
D.   37. Poder *D,* Podes *P O.*   40. ben *Rayn. P O.*   41. El

Nom sui élamatz
De Provenzals ni de Guascos
Ni trop lausatz.   45

10. Anc de Vivares non ac clam
     Qu'oms estrainz agues set ni fam
     N'i fos cochatz."

---

1. Quant tuit aquist clam foron fat,
    Lor son comensat autre plat
        On n'ac d'iratz;
    Las domnas eill vout son mesclat
    El plaitz rengatz.   5

2. Dizoill vout „domnas, tuit em mort,
    Car nos tolletz lo peing a tort,
        Et es pecchatz,
    Car vos en peignetz aitant fort
    Nius bernicatz.   10

3. Qu'anc trobatz no fo mas per nos
    Qu'om nos en peinsses bels e bos,
        E nos emblatz
    Magestat de port de faissos,
    Cant robegatz.“   15

4. Dizon las domnas, que cent anz
    Lor fo donatz lo peingz enanz,
        Que fos trobatz
    Voutz degus el mon paucs ni grans,
    Et es vertatz.   20

4. Ditz autra domna „ren nous toill

D. et els baros *Rayn. PO.*   42. mais r. *D.*   44. Dels-dels
Rayn. PO.   46. *Str. 10 fehlt Rayn. PO.*   Ni i *D.* —
    1. faitz *J.*   2. plaitz *J.*   5. plaz *J.*   6. em ort *J.*
9. nos *oder* uos? en peinez *D.* enpeinetz *J.*   10. Ni os *J.*
11. uos *DJ.*   12. uos *DJ.* empeinsses *DJ.*   13. uos semblatz *DJ.*   14. pont *D.* faichos *DJ.*   15. robe gaz *D.*
20. la rua *DJ.*   25. Qen *D.*   26. Dis *DJ.* al *J.*   27. **XXV.**

Si ieu peing lo ron desotz l'oill
Qu'es esfachatz;
De qu'ieu fatz pois a maintz orgoill
Qu'ieu trobi fatz." 25

6. Ditz dieus als voutz „si vos sap bon,
Sobre vint e cinc anz lor don,
So otrejatz,
Que n'ajan vint de peigneson,
Sius n'acordatz." 30

7. Dizoill vout „ja ren non farem,'
Que mais detz no lor en darem,
Pos a vos platz.
E sapchatz que segur serem
Qu'ajam pois patz." 35

8. Dunc venc saintz Peir' e saintz Laurentz
Et an faitz bos acordamentz
Et afiatz
E d'ambas partz per sacramentz
An los juratz. 40

9. Et an dels vint ans cinc mogutz
Et an los ab los detz cregutz
Et ajostatz.
Aissi es lor plaitz remasutz
Et afinatz. 45

10. Sobre sacramen vei obrar
De tals que s'en degran laissar,
E non es gen
Qu'a la chascuna vei falsar
Lo covenen. 50

11. Per so son li vout irascut

DJ. 30. XX. *DJ.* 32. X. *DJ.* 34. Sapcaç *D.* 41. XX.
V. *DJ.* 42. an *fehlt D.* 43. aiostat *J.* 47. son *J.* so *D.*
49. Chala *J,* Ca la *D.* falar *J,* fallar *D,* falsar] *Vermuthung von*
Mahn. 50. couen *D.* 52. roput *D.* 54. que cha *DJ.*

Car hom lor a lor plait romput,
    E non an grat
Queill quecha fai pisar son glut
    Am l'ueu pastat.   55

12. De blanquet e de vermeillon
    Se meton tant sobrel menton
        Et en la fatz,
    Qu'anc no vist tirautiarton
        Deves totz latz.   60

13. De safran e de tifeigno,
    D'angelot, de borrais an pro
        E d'argentat,
    De que se peignon a bando
        Quan l'an mesclat.   65

14. En lait de sauma an temprat
    Favas ab que s'an adobat
        Lo vieill convers,
    Eill quecha jura charitat
        Que res non es.   70

15. Quant ellas an lor oignimentz
    Totz ajostatz per sagramentz,
        Vos veiriatz
    De boissas e de sacs trecentz
        Ensems liatz.   75

16. Anc saintz Peire ni saintz Laurentz
    No son creutz dels covinentz,
        Que feiron far
    A veillas qu'an plus longas dentz
        D'un porc senglar.   80

17. Peitz an faitz, non avetz auzi:
    Tant nos an lo safran charzi,

---

55. Am uelf *J*.   56. planguet *D*,   planquet *J*.   59. tirant
arton *D*.   61. De cafera *DJ*.   62. horrais *D*.   65. la *J*.
67. abs que-adoblat *D*.   68. uiel *J*.   69. que na *D*, queita

Que oltra mar
O conteron li pelegri:
Be'n dei clam far. 85

18. Que meillz vengra qu'om lo manges
En sabriers, qu'en aissil perdes,
E compressan
Cendals don quecha se bendes,
Pos talen p'an. 90

XV.

1. Manens e frairis   foron compaigno,
Anavo per via   cum autre baro;
E quant ill anavon,   mescleron tenzo.
Pauc tenc lur paria,
Quant l'uns [dels] dis oc   e l'autre dis no;   5
Quasquus tenc en pes   la sua razo.
Ia de gran amor   non agron sazo
A lur compaignia.

2. Manens escomes   lo frairi primiers,
Per ergoill d'aver   quar si sent sobriers.   10
„Frairis, dis manens,   trop vos faitz parliers
De gran galaubia."
So dis lo frairis   „si avetz deniers
Et avetz de blat   vostres plus graniers,
Ia no viuretz mais,   sius etz renoviers,   15
La meitat d'un dia."

3. So dis lo manens   „frairis, dechazey,
Tant avetz joguat,   nous laissatz espley;
Mas gaps avetz be   ad cgual d'un rey,
Ja us vers non sia."   20

J. e charitat *J.* 76. Unca *J.*   81, ñ. *J.*   86. magres *D.*
87. qenaissil *D.*   88. com pres an *D,* dom pres an *J.*
    XV. *Gedruckt MG. 408 C. (in welcher Hs. es sich einzig
findet).* — 3. mesclos de.   5. dels *fehlt.* ditz.   6. te.   7. aura
8. A *fehlt.*   11. Frairi   13. ditz-frairi   17. ditz-frairi
19. anriatz.   29. Quela.   31. et el.   45. *Die Abschnitte*

So dis lo frairis „tot vos o autrey;
Greu veiretz pro home qu'a temps no foley,
Mas vos guazaignatz a tort e ses drey
    Vostra gran follia."

4. So dis lo manens „et ieu ai poder   25
Que puesc mon amic prestar e valer,
Mas de vos no cuit que nuls bes n'esper,
    Que ja mieills li'n sia."
So dis lo frairis „et ieu ai lezer
De tot mon amic segre e valer,   30
Atretan com vos et lo vostr' aver,
    Estiers la bailia."

5. So dis lo manens „eram di, frairis,
Qual ama mais dieus? aquel qu'es formis,
O dels raubadors que raubols camis   35
    Per lur leconia?"
So dis lo frairis „aisso vos plevis,
Qu'avers ajostar non es paradis;
Ans comandet dieus qu'om lo departis
    Tot per cofrairia,"   40

6. So dis lo manens „vostre fols talans
E taulas e datz e dompnas prezans
  —   —   —   vos fan far enguans
    E pensar bauzia."
So dis lo frairis „vos etz lo graissans   45
Que cuidatz queus failla la terra qu'es grans.
Guazaignatz enfern ab autrui afans,
    E faitz i bauzia."

7.   —   —   —   —   —   —
    —   —   —   —   —   —   50
    —   —   —   —   —   —
      —   —   —

So dis lo frairis „de trop es pensatz
Quan los mortz els vius capdelar cuidatz.

45—48 und 53—56 stehen in der Hs. in umgekehrter Folge.

Pensarias hom   que seu [nou] ajatz,   55
    Qui nous conoissia.

8. So dis lo manens   „ieu quier jutjador,
    Frairis, que nos parta   d'aquesta clamor.

—   —   —   —   —   —

     El coms d'Urgel sia.   60
  So dis lo frairi   „ben es fazedor,
  Quez el o define   (tot) en dreit et amor

—   —   —   —   —   —

    Quar totz temps tenria.

Enueg.
XVI.

1. Amics Robertz, fe que dei vos,
    Enuejam d'avols compaignos,
    Et enuejam la mars el vens
    ˋ Que nom sembla ni bels ni gens;
    E d'ome ques fai desdegnos   5
    ˋLai on non es luecs ni sazos,
    M'enuej' e de paupres prezens.

2. Cavaliers paupres orguillos,
    Qui non pot far conduitz ni dos,
    M'enuej' e rics desconoissens,   10
    Qui cuja esser entendens
    E no sap que vai sus ni jos;
    Et enuejam cel quis ten bos,
    Que pauc ben ditz e fai en mens.

3. Li lauzengier e l'enojos   15
    M'enuejan molt e li janglos;
    Et enuejam loncs parlamens
    Et estar entre croyas gens;
    Et hom m'enueja trop iros

XVI. *Steht in CE, danach gedruckt MG. 349, 411.* —
1. quieu *E.*   2. Ben menueia *E.*   4. ui bos *E.*   7. Menueia
e p. *C.*   9. doz *C.*   15. li enoios *C.* linuios *E.*   23. Menoia

E compaignia de garsos　　　　　　20
E cavaliers mal acuillens.

4.　Hom mensongiers mals e gignos
M'enuej' et hom trop cobcitos;
Et enuejam comensamens
Malvatz e crois definimens;　　　25
Et hom m'enueja trop gelos,
E cel qui es trop enuejos
M'enuej' et hom trop retenens.

5.　Rics hom alegres e jojos
Lares e francs e de bel respos　　30
Me platz e bels captenemens
E cortz on vey homes valens,
E platz mi bella messios,
Et hom de peccat vergognos
Me platz e bos repentimens.　　　35

XVII.

1.　Bem enuejan per saint Marsal
Aquist baro descominal
Que non degnon vendre caval,
Empegnon lo aitan quan val,
E que mata en son ostal　　　　　5
Cel qu'a azirat per gran mal.

2.　Bem enueja de cavallier
Que quer tres vetz cauls e sabrier,
E de dompnejador petior
E de vieill hom' avol arquier;　　10

Et hom' ostar sobre taulier.

3.　Enuejam pels saintz de Cologna
Amics quem faill a gran bezogna,

e trop C. 28. Menueia hom C.
XVII. steht in C. gedr. MG. 392. — 1. enueia. 5. meta.
6. So. 9. dompney ador. 10. home aul. 12. pel.
4

E traire que non a vergogna,　　　　15
E quis colgu' ab mi ab gran rogna.

— — —
— — —

4.　Messatgier, vai t'en [en] ta via
Al comte, cui dieus benezia,　　　　20
Que te Toloza en bailia;
S'i a ren qu'a lui desplairia
Jeu sui cel quel ne ostaria.

— — —

XVIII.

1.　Bem enueja per Saint Salvaire
D'ome rauc ques fassa chantaire
E d'avol clergue predicairc;
Paupre renovier non pretz gaire;
Et enuejam rossis trotaire　　　　5
E rics om que massa vol traire.

2.　Et enuejam de tot mon sen
D'ome quan sa putana pren,
E dompna que ama sirven,
Et escudier qu'ab seignor conten;　　10
M'enucian raubador manen
E donzelo barbat ab gren.

3.　Molt m'enueja, si dieus mi vailla,
Quan mi faill pas sobre toailla,
E qui cada petit lom tailla,　　　　15
Qu'ades m'es vejaires quem failla,
E joves hom ples de nuailla
E dos de put' e la guazailla.

15. tracher.
XVIII. *steht in CE, gedruckt MW. 2, 67. C. MG. 391. C.*
(R. 5, 266: 15 Verse; danach Inhaltsangabe bei Diez, L. u. W.
338). 11. Enueiam raubaire *C, Rayn.* 12. donzelos barbatz
Rayn. MW. 15. que.

4. Bem enueja capa folrada,
   Quan la peills es vieill' e uzada,   20
   E capairo de nou orlada
   E puta vieilla safranada;
   Et enuejam rauba pelada,
   Pois la Saint Miquels es passada.

5. Et enuejam tot eissamen   25
   Maizo d'ome trop famolen,
   E mel ses erbas e pimen
   E quim promet e nom o ten;
   E d'avol home eissamen
   M'enueja, quar el non apren.   30

6. Et enuejam com de la mort
   Qui d'avoleza fai conort;
   Et enuejam d'ardaillon tort;
   Et enuejam estar a port,
   Quan no puosc passar e plou fort.   35

XIX.

1. Bem enoja, s'o auzes dire
   Parliers quant es avols servire,
   Et hom que vol trop aut assire
   M'enoja, e cavals que tire;
   Et enojam, si deus m'ajut,   5
   Joves hom quan trop port' escut,
   Que negun colp noi a avut,
   Capellan e monge barbut,
   E lauzengier bec esmolut.

2. E tenc domna per enojoza,   10
   Quant es paubra ni orgoilloza,

XIX. gedruckt Chr. 130. CJR. LB. 82 CR. Rayn. 5, 264
u. MW. 2, 66 (wo aber v. 31, 37—45, 64—72 fehlen) MG.
390 J. 1. Fort J, Mot R, Rayn. sil a J.   2. Hom p. ques
dauol s. CR. Rayn.   3. vol trop autr assire C. Rayn. trop vol
autr aucire JR.   6. rics hom q. t. porta J. que trop R.
7. quant sol un colp J.   9. e molut J.   10. Enoia me domna

E marit qü'amá trop s'cspozá,
Neis s'era domna de Toloza;
Et enojam de cavalier
Fors de son pais ufanier,   15
Quant en lo seu non a mestier
Mas sol de pizar el mortier
Pebre o d'estar al foguier.

3. Et enojam de fort maneira
Hom volpills que porta bancira,   20
Et avols austors en ribeira,
E pauca carns en gran caudeira.
Et enojam, per saint Marti,
Trop d'aiga en petit de vi;
E quan trob escassier mati   25
M'enoja, e d'orp atressi,
Car nom azaut de lor cami.

4. Enojam longa tempradura
E carns quant es mal coit' e dura,
E prestre que men nis perjura,   30
E veillá puta que trop dura.
Et enojam, per saint Dalmatz,
Avols hom en trop gran solatz,
E correr ab caval per glatz;
E fugir ab caval armatz   35
M'enoja, e maldir de datz.

5. Et enojam, per vit' eterna,
Manjar ses foc, quan fort iverna,
E jazer ab vieilla cazerna,
Quan me ven flairors de taverna.   40

---

e J.   11. ni] et J. Rayn.   17. de sol C. Rayn. pcstar en J.
18. e C. de tastar sabrer J.   19. Enoia mi dautra J.   20. qant
J. porte R.   21. fehlt C. e dauol J.   22. pauc manjar J.
25. eschacher J.   26. e trop C.   27. fchlt J. tray R. Rayn.
30. Es C. e Rayn.   31. putan v. quant J.   30. dauol home J.
34. per uia quant a glatz J.   35. fchlt J.   36. el J.   39. cum
v. galerna J. que cerna C.   40. men C. ne sent f. R. quä ella

Et enojam e m'es trop fer
Quan cel que lav' olla, enquer;
Et enojam de marit fer,
Quant eu li vei bella moiller,
E qui nom dona nim profer.　　　　　　　45

.6.　Et enojam, per saint Salvaire,
En bona cort avols viulaire,
Et a pauca terra trop fraire
Et a bon joc paubres prestaire.
Et enojam, per saint Marcel,　　　　　50
Doas penas en un mantel
E trop pariers en un castel
E rics hom ab pauc de revel
Et en tornei dart e cairel.

7.　Et enojam, si deus mi vailla,　　　55
Longa taula ab breu toailla,
Et hom qu'ab mas rognozas tailla,
Et ausbercs pezans d'avol mailla.
Et enojam estar a port,
Quan trop fai greu temps ni plou fort;　60
Et entre amics dezacort
M'enoja em fai peitz de mort,
Quan sai que tenson a lor tort.

8.　E dirai vos que fort me tira:
Veilla gazals quan trop s'atira　　　65
E paubra soudadeir' aïra,
E donzels que sas cambas mira.

flaira en la t. *J.*　41. cas es de f. *J.*　42. la vol la en.
Bartsch. auols hom qua bella moiller *J.*　43. e per gelosia la
for *J.*　44. lin *C.* e fai o ben qui la enquier *J.*　45. Can re
n. *R.* e no lo lais per marit fer *J.*·　46. Et *fehlt J R.* enoia me
J.　48. ab *R*, en *J.*　49. paupres *Bartsch Rayn. Nach 49*
e quans qui mord enanz qe laire *J.*　55. Enoia me *J.*　57.
ab mans roinos quant *t. J.*　59. au *J.*　60. trop *fehlt R*,
cor greu uens *J.* e *J R. Rayn.*　61—63 aquel enois mes peiz
de mort *J.*　64. uos ben que maira *J.*　65. cazals qu'a trops
si gira *C.* ueilla gaal que fai formia *J.*　66. e soldadeira mal

Et enojam, per saint Aon,
Domna grassa ab magre con,
E seignoratz que trop mal ton,   70
Que no pot dormir quant a son:
Major enoi no sai el mon.

9. Encar i a mais quem enoja:
Cavalgar ses capa de ploja,
E quan trob ab mon caval troja   75
Que sa manjadoira li voja.
Et enojam e nom sap bo
De sela quan crotlon l'arso,
E fivela ses ardaillo,
E malvatz om dins sa maizo,   80
Que no fa ni ditz si mal no.

Plazer.
XX.

1. Mout me platz deportz e guayeza,
Conduitz e donars e proeza,
E dona franca e corteza
E de respondre ben apreza;
E platz me a ric hom franqueza,   5
E vas son enemic maleza.

2. E platz me hom que gen me sona
E qui de bon talan me dona,
E rics hom, quan no me tensona;
Em platz quim ditz be nim razona,   10
E dormir quan venta ni trona,
E grans salmos ad hora nona.

---

garnia J.   67. cambras Bartsch.   68. von J.   70. fehlt J.
71. e no J.   72. mais enoia non a J.   74. cavallier-ab pl. J.
76. mani aura J.   77. quar nom J.   78. crotla C R. Rayn. li
arcon J.   79. finclha Rayn. ardion J.   80. ma R.   81. non
fa nim R.   car no di ni fai si noi non J.
    XX. steht C E; gedruckt R 3, 451. M W 2, 59. Inhaltsan-
gabe Dicz L. u. W. 338.

3. E platz mi be lai en estiu
   Quem sojorn a font o a riu,
   Eil prat son vert el flors reviu,   15
   E li auzellet chanton piu,
   E m 'amigua ven aceliu,
   E loi fauc una vetz de briu.

4. E platz mi be quim acuillia,
   E quan guaire no trob fadia;   20
   E platz mi solatz de m'amia,
   Baizars e mais, si loi fazia;
   E si mos enemics perdia,
   Mi platz, e plus s'ieu loi toillia.

5. E plazon mi ben compaigno,   25
   Quant entre mos enemics so,
   Et auze ben dir ma razo,
   Et ill l'escouton a bando.

   —   —   —

   —   —   —   30

   _____

   Cobla Esparsa.
   XXI.

   Seigner, s'aguessetz regnat
   Per conseill dels vostres baillos,
   Nous manderal reis N Anfos
   Tant salut ni tant amistat,
   Ni nous agra tant onrat   5
   Sai Proenza ni tota Lumbardia;
   Ni a Nicart non agra seignoria
   Lo reis Ioanz plus que a Saint Massenz
   S'agues regnat per conseill de servenz.

XXI. *Steht in H. fol. 56 a, gedruckt Arch. 34, 414.* 1.
agessetz. 6. Chai. 7. anicart. 9. Se regnassetz.

Anmerkungen.

I.

Nach der ersten Strophe dieser Canzone zu schliessen, spricht sie die Gefühle des Dichters bei seiner
ersten Liebe aus und darf daher wohl an die Spitze
seiner Minnelieder gestellt werden. — Nicht plötzlich,
sondern allmählig scheint die Minne das bisher von
ihr unberührt gebliebene Herz des Dichters ergriffen zu
haben (v. 17—19). Er steht zwar schon länger in freund-
schaftlichem Verkehr mit seiner Dame (v. 26—27),
wagt es aber erst jetzt, nachdem er vergeblich sich be-
müht hat die aufkeimende Neigung zu unterdrücken,
seine weitergehenden Wünsche offen auszusprechen;
denn er muss fürchten, die Dame zu erzürnen und durch
seine Kühnheit auch das schon zwischen ihnen beste-
hende vertraute Verhältniss zu zerstören (v. 28—44).
Zuletzt droht er — und wir können daraus wohl den
Neuling in Minneangelegenheiten erkennen — eine et-
waige Zurückweisung der Dame mit Verleumdung bei
ihren Freunden beantworten zu wollen (45—55).
Was die Form der Canzone anbetrifft, so sind je
11 zehnsilbige Zeilen mit durch das ganze Gedicht in
gleicher Reihenfolge durchgehenden männlichen Reimen
zu einer Strophe verbunden, die sich nach folgendem
Schema aufbaut: AB:AB ‖ BCCDDCD. Gegen die
angenommene Gliederung der Strophe in eine „Frons"
zu zwei zweizeiligen „Pedes" und eine siebenzeilige
„Cauda" spricht aber das unschöne Verhältniss zwischen
den kurzen Stollen des Aufgesanges und dem über-
mässig langen und daher schleppenden Abgesang, und
muss daher die Eintheilung dahin gestellt bleiben.
In den Reimen ist unser Dichter, wie überhaupt,
so auch hier weder besonders wählerisch noch grade
sehr sorgfältig. Nicht nur finden sich homonyme („rüh-
rende") Reime (rim equivoc L. d'Am. I, 188), wie mes
v. 9 (missus) und v. 20 (mensem), sen 18 (sentit) u. 29
(sensum) etc., sondern auch verhältnissmässig oft, sonst
bei guten Dichtern möglichst vermiedene identische

Reime, wie *paor* 12 und 25 (jedoch durch Annahme
des von *S.* u. *U.* an zweiter Stelle gebotenen *temor*
leicht zu beseitigen), *amor* 3 u. 36, *platz* 37 u. 48, *es*
44, 53 u. 55. Falls die 6. Str.[1]) und die beiden Tornaden echt sind, vermehrt sich ihre Zahl noch, indem *mes*
(mensem) noch 76, *sen* (sensum) 77, *es* 69 und endlich
valor sowohl 34 als 56, *bes* 22 und 78, *tres* 52 u. 65
im Reime stehen. Auch den Schmuck des „reichen"
Reimes (*rim consonan leial* L. d'Am. 1, 158) hat der
Dichter nur selten, und dann wohl zufällig wie *valor:
color* 56 u. 58, *Engolmes: mes* 75 u. 76, *estatz: beutatz*
59 u. 60 angewandt; er begnügt sich meist mit dem
einfachen männlichen Reim (*rim sonan leial* ib. 154).
Einige Mal finden sich jedoch leoninische Reime (*rim
simple leonisme leyal* ib. 160), wie *longamen:mandamen*
6 und 7, *pensamen* 21, *malamen* 50, *acoindamen* 61, *finamen* 67. Endlich sind noch die unvollkommen reichen
Reime (*rims quaish consonan leial* ib. 158), wie *platz:
celatz* 48 u. 49, *pres:res* 30 u. 33 etc. zu erwähnen.

 2. *aloc*, das lehnzinsfreie Erbgut, mit Absicht hier

---

 [1]) Diese nur in *ES* und *U* überlieferte 6. Strophe stimmt
mit ihren plötzlichen, sehr allgemein und unbestimmt gehaltenen
Lobpreisungen der Dame wenig zu der in der vorangehenden
Str. ausgesprochenen Drohung; auch formell genügt sie nur
wenig wegen des starken Enjambement zwischen v. 4 und 5
und des nicht wegzubringenden falschen Reimes *tres* (65), wo
einer auf — *en* erwartet wird. *S* hat zwar den letzten Fehler
nicht, aber ihre Lesart ist wohl nur eine ziemlich unglückliche
Correctur von der in *E* und *U*. Was soll das heissen: Ich ge-
höre nicht zu den Thoren, dass ich, ohne euch je um etwas zu
bitten, euch Vertrauter bin; sondern ich fürchte gegen euer
Gebot zu fehlen, wegen des grossen *A*nstandes den ihr besitzt?
Zweifelhaft in Bezug auf ihre Echtheit müssen wegen mangel-
hafter Ueberlieferung auch die beiden Tornaden erscheinen, die
ausser den auch von *E* gegebenen vv. 67—69 sich nur in *S*
finden. 67—69 enhält einen Gedanken, dem wir Canz. V, 41—46
in concreterer und daher der Weise unseres Dichters angemes-
senerer Fassung nochmals begegnen. Entscheidung ist unmöglich, besonders für die 2. Tornade, deren durchaus individuelle
Färbung und bestimmte Angaben es unwahrscheinlich erscheinen
lassen, dass sie erst später von unberufener Hand hinzugedich-
tet sei.

58

gewählt, um die absolute Unabhängigkeit des Besitzers noch mehr hervorzuheben.

17. *s'enpren (ADLP: s'espren)* hat hier die bei Rayn. L. R. 4, 631 angeführte und belegte Bedeutung: *s'enraciner, s'attacher.* Vgl. Uc de Saint Circ, M. G. 78, 3: *anz (s'amors) s'i enpren e s'i ferma* (sc. *en mon cor) yec dia.*

27. Ich ziehe diesen Vers mit zum Folgenden, und nicht zum Vorhergehenden, weil 1) sich zwischen der 4. und 5. Zeile immer eine grössere Pause findet, und 2) dieser Vers zum vorigen nichts neues hinzufügen würde. Ich übersetze: „Und weil ich, durch eure Gnade euch (doch schon) Vertrauter bin, so seid nicht ungehalten, wenn ich (weiter zu gehen wage und) an euch meine Minne richte."

41. *Tal paor ai queus desplagues* und 42: *tem queus pes.* Das Fehlen der Negation in dem von einem Verbum des Fürchten abhängigen Satze ist auffällig, findet sich aber auch sonst bei unserem Dichter, wie XII, 25: *tem que faillis,* nach *doptar* ebenso II, 33.

60. *Lo majer bes e la majer beutatz,* nämlich das von den anderen Bewohnern des Palastes für das höchste Gut und die erste Schönheit angesehene; für den Dichter ist es ja seine Dame selbst.

65—66. „Aber was mich betrifft, sind 2 oder 3 Jahre vergangen, dass ich, ohne je an euch eine Bitte zu wagen, euch Vertrauter bin."

72. *Girasol.* S hat *com la giraflors* (und so citirt auch Rayn. L. R. III, 468 a, es mit „*tournesol*" übersetzend), was sonst nicht vorzukommen scheint; es wäre gebildet, wie (Vgl. Diez Gr.² II, 412) it. batticuore, tremacoda etc., indem das Nomen im Nominativ (oder Vocativ)-Verhältniss, nicht wie bei solchen Zusammensetzungen gewöhnlicher, in directer oder durch eine zu ergänzende Praeposition vermittelter Abhängigkeit zum vorangehenden Verbum stände. Doch verstösst die Ueberlieferung hier nicht nur gegen die Caesur, sondern bietet auch in *seies* eine jeder Erklärung spottende Form. Daher ich geändert habe; *girasol* ist der sonst ge-

bräuchliche Ausdruck für die Sonnenblume und findet
sich auch im Catalonischen, vgl. Honnorat II, 345, 3.
76. Ich beziehe das *lor* auf die v. 73 u.
74 genann-
ten Freunde in Auvergne und Montbrison und übersetze: „Und bei ihnen scheint auch nicht das Jahr ein
Monat (d. h. bei ihnen vergeht die Zeit nicht so schnell
und angenehm, wie hier), und ich (erscheine ihnen) ein
Thor, weil Frau Maria mir den Verstand raubt." Wäre
zu *cu nescis* (77) ein *sembla* im negativen Sinne zu ergänzen, so hätte die Anknüpfung durch *ni*, nicht durch
et gegeben werden müssen.

II.

Diese Canzone schliesst sich inhaltlich eng an die
vorhergehende an. Der Dichter hat das Gefühl, dass
er von Rechtswegen für seinen Liebeshandel keinen
günstigen Ausgang beanspruchen darf (1—7), wenn ihm
nicht die Minne und die Gnade zu Hülfe kommen
(8—11). Die Dame sieht ihn zwar gern in ihrer Nähe
und ist ihm allzeit wohlgesinnt (14—22); die in ihm
erwachte Liebe kann sich aber damit nicht begnügen
und drängt ihn, der Geliebten die Gefühle, die sein ganzes Herz für sie bewegen, zu offenbaren (22—28); doch
wagt er es nicht, aus Furcht dann ganz von ihr verstossen zu werden (29—33). Denn die Damen kommen
zwar einer sanften, zurückhaltenden Neigung freundlich
entgegen (34—39), aber eine plötzliche Aenderung des
Tones von Seiten des Freundes und ein aus den gewöhnlichen Schranken heraustretendes ungestümes Lie-
beswerben ertragen sie nicht; solcher Kühnheit entziehen sie für immer ihre Huld. (40—54). Die Form ist
dieselbe, wie die des vorigen Gedichtes, nur dass die
Reimfolge ABBAACCDDEE etwas abweicht und
einen Reim mehr aufweist. Eine Gliederung der Strophe
verbietet sich, da der nothwendigen Pause bei der Diaeresis, gleichviel ob wir sie nach der 4. oder 5. Zeile
annehmen, mehrfach kein Ruhepunkt in den Worten
entspricht.

Die Reime sind auch hier wieder sehr einfach; zu bemerken ist, dass der Reim A immer nur als -*ier* erscheint, also nicht, wie sonst zuweilen, die Reimreihen -*er* und -*ier* vermischt sind. Vgl. Bartsch, Pr. Leseb. 237 Anm. zu 17, 12. -*mestier* 26 und 34, sowie *mal* 28 und (nach meiner Conjectur) 50 im Versausgange sind als homonyme Reime aufzufassen, indem *mestier* hier opus=Verfahren, dort=Bedürfniss bedeutet, und *mal* das eine Mal Adverb., das andere Substantiv. ist.

8. *pregui* hat die Hs. und könnte allenfalls 1 Sing. Praes. Ind. sein; doch ist dies an und für sich schon eine ungewöhnliche Form, so ist sie hier vor dem vokalisch anlautenden *et* kaum zu dulden. Daher ich in *preguei* gebessert habe. — *Amor* und *merce* sind als persönliche Wesen gedacht, stehen daher ohne Artikel, und jenes auch ohne die Präposition *a*, obwohl es ebenso gut wie *a merce* als ein von preguei abhängiger Dativ zu fassen ist.

25. „So verfahre ich in Bezug darauf, dass ich selbst (mir) immer wieder und wieder sage."

46. *om' auzan* habe ich für das handschriftliche *non auen* vermuthet; führte es nicht noch mehr von der handschriftlichen Lesung ab, wäre *om' ausarlz* allerdings noch besser.

50. *Qu'ill.* Das *que* nimmt das *que* am Anfange der vorigen Zeile noch einmal auf.

53. *diraius*, Hs. *diraus*: es ist nicht anzunehmen, dass die Dame selbst den im folgenden angegebenen Grund ihrer Ungnade offen aussprechen wird.

III.

Wieder ist der Vergleich, welcher diese, nach Diez L. u. W. 335 den Geist der Scholastik nicht verläugnende Canzone einleitet, dem Rechtsleben entnommen. Dem Dichter ergeht es wie einem wegen geringen Vergehens Angeklagten, der sich durch Flucht seinen erbarmungslosen Richtern entziehen könnte, es aber im

Vertrauen auf seine Unschuld nicht will (1—9). Sein
ganzes Vergehen ist, dass er liebt und von dem Gegenstande seiner Liebe oftmals zu anderen Leuten Rüh-
mendes zu sagen wagte (10—18); immer zieht er es
aber noch vor, sich wegen seiner Lobpreisungen von
seiner Dame verstossen zu sehen, als ein Schelm und
Verleumder an ihr zu werden (19—22); denn ein solcher hat von der Minne nichts zu hoffen (23—27), von
der Minne, vor deren Allmacht sich die ganze Welt
beugt (28—36). Seine Dame möge nicht boshaften Ein-
flüsterungen glauben, dass er seine Neigung zwischen
ihr und einer anderen getheilt habe (37—39), solcher
Treulosigkeit sind nur Thoren und Schurken fähig
(40—45). Seine Geliebte wäre aber in jeder Beziehung
vollkommen, wenn sie ihm Mitleid und Gegenliebe
schenken wollte (46—54).

Formell ist wenig hervorzuheben. Die Strophe
setzt sich aus 9 zehnsilb. Zeilen zusammen und lässt
keine den syntactischen Einschnitten und Ruhepuncten
der Worte überall vollkommen entsprechende Eintheilung zu. Die männlichen, durch alle Strophen congruenten Reime folgen sich nach dem Schema A B B
A A C D D C. Ein homonymer Reim ist *enten* (intentum):
s'enten 40—41, und ein identischer *ces* 25 und 56.

43—45. In *ABD* sind hier offenbar 3 Verse aus
dem Schlusse der nächsten Strophe versetzt, auch haben
sie die erste dieser 3 Zeilen nachher nochmals an der
richtigen Stelle (52), *AD* auch die dritte als 9. vers
der folgenden Strophe (54); die zweite *(E ja non vuoill
pois maintz de vint e tres)* wird ebenfalls dorthin gehören und der von den anderen Hss. gebotenen Lesart (53 *que mi amar mi donz non desdegnes*) vorzuziehen
sei. Sie scheint eine uns verborgene Anspielung zu
enthalten und bleibt deshalb unklar.

44. *de fes. Fes* ist entweder casus obliquus wie
merces IV, 36 mit, dem Reime zu Liebe, falschen Fle-
xions-S, oder das *s* steht für *z* als Rest des ursprünglich auslautenden *d* in fid-em, merced-em, wie sich
neben *a ad* und *az,* neben *que qued* und *quez,* neben *e*

et und *ez* findet etc. *ſed* findet sich ebenfalls, z. B.
Bartsch, Chr. 55, 6 in einer Urkunde vor 1144.

45. *felos* ist Rayn. unbekannt; Honnorat II, 225
aber führt es als dem *vieux langage* gehörig an, und
übersetzt: *indigné, irrité, mécontent, cruel.*

IV.

Nachdem mehr als zwei Jahre lang des Dichters
Gesang nicht vernommen ist, hat seine Dame ihm nun
endlich gestattet, wenn auch nur in's geheim, sie in
seinen Liedern zu preisen (1—9), und das will er nun
auch aus vollem Herzen thun; reicht auch sein schwaches
dichterisches Vermögen nicht weit, so soll es doch an
gutem Willen nicht fehlen (10—18). Schon spürt er,
seitdem sein kühnes Werben ihm so guten Gewinn
brachte, einen gewaltigen Umschwung zum Besseren
in sich (19—27). Drum möge sie seinen Bitten nur
noch mehr nachgeben, denn es wird nur ihr eigner
Vortheil sein (28—36). Und da die Gnade allein eine
unzureichende Fürsprecherin sei, habe er sein Bestes,
sein Herz als Minnewerber zu ihr entsandt (37—45);
deshalb möge sie Gnade gegen ihn walten lassen, da
er nur ihr lebe und sie seiner treuen Liebe sicher sei
(46—54).

Die Strophe setzt sich aus einem achtsilbigen
und 8 zehnsilbigen Versen zusammen und die durch das
ganze Gedicht hindurch congruenten, nur männlichen
Reime folgen sich nach dem Schema: a BBCCDDEE.
Auch hier lässt sich keine mit den Abschnitten des
Textes übereinstimmende musikalische Gliederung der
Strophe entdecken. Der Reim a geht als „Korn" (*rims
espars* oder *brutz* L. d' Am. I, 174 durch. Hervorzuheben ist der homonyme Reim *enans* v. 23 (in antea)
und 31 (Vortheil), und v. 50 der unreine Reim (*rims
sonans bortz* L. d'Am. I, 144 und 152) *sens:* — *ans*,
den wir, obwohl er entschiedener Fehler ist und sonst
in der Troubadourdichtung als Nichtreim (*rims estramps*
L. d'Am. I. 144 und 150) gelten würde, doch kaum
entfernen können.

10. Die Strophen 2 und 3 stehen in *J* allein in umgekehrter Folge; ich bin den anderen Hss. gefolgt, weil sich so der Anfang der 2. Strophe besser an den Schluss der 1., und der Anfang der 3. an den Schluss der 2. anschliesst, indem sich dort (10) das *pauquet poder* sehr gut auf das *m'esfors com pogues* (8) bezieht, und hier (19) das *Aitals* aus Vers 16 wieder aufgenommen wird.

V.

Seines erfolglosen Werbens und der Qualen einer nicht erwiederten Liebe müde, will der Dichter „den Herren wechseln". (1—8). Die Dame, der von nun an seine Huldigungen gelten, schenkt ihm zwar auch Gegenliebe, aber nicht *per drudaria* (9—10), und da er sich wiederum scheut, ihr sein ganzes Sehnen und Verlangen aufzudecken (11—20), so hat sich eigentlich seine Lage um nichts gebessert (11—30). Wollte sich die Minne selber seiner annehmen und seinen Bitten günstiges Gehör verschaffen, so würde er seinerseits durch unbeschränktes Wohlthun an Jedermann seine Dankbarkeit bezeugen (31—40); Betheuerungen seiner Liebe, die sich auf die ganze Umgebung der Dame in gleicher Weise erstreckt (43—46), und eine Schilderung der allsiegenden Macht der Minne (55—56) füllen den Rest der hübschen und für unseren Dichter ungewöhnlich gefühlvollen Canzone.

Die Form der Canzone bietet nichts besonderes dar; schon die Anordnung der durch alle Strophen congruenten Reime[2]) $A \cup B B A \cup A \cup C \cup C \cup D D C \cup$ verbietet, eine Gliederung der Strophe anzunehmen; doch ist es wohl nicht zufällig, dass die 5 letzten Zeilen der Str. umgekehrt dieselbe Reimfolge, wie die 5 ersten, zeigen; dass also von der Mitte aus nach vorn und rückwärts betrachtet, die Str. in 2 congruente Hälften zerfällt. Auch findet sich, bis auf die beiden letzten Strophen,

---

[2]) Hier und im Folgenden bedeuten die mit einem Häkchen ($\cup$) hinten versehenen Buchstaben die weiblichen Reime.

der Hauptabschnitt im Gedanken jedes Mal nach der
5. Strophenzeile. — Auffällig ist der identische Reim
seignoratge 1 und 55; Beispiele des grammatischen
Reimes (*rim dictional derivatiu* L. d'Am. I, 186) sind *seignoratge* (1) und *seignoria* (7), *fezes* (39) und *faria* (40) etc.
13. „So werde ich es auch nicht thun". Über ro-
manisches *nec* für negatives etiam oder auch für ne qui-
dem vgl. Diez Gr.[2] III. 390 (wo allerdings kein pro-
venzalisches Beispiel angeführt ist). Wollte man diese
Zeile als mit zum vorhergehenden, durch *car* (11) ein-
geleiteten Vordersatz gehörig annehmen, so würde, indem sich kein entsprechender Nachsatz dazu fände,
ein unerträgliches Anakoluth enstehen, und die ganze
syntactische Zusammenfügung der Strophe durch 3 dann
als Parenthesen zu fassende, höchst schleppende
Zwischenglieder (nämlich 14—15, 16 und 17—18) zer-
stört werden.

19—20. „Aber nimmer käme dann ein Priester
hin, denn nimmermehr würde er mich lebend antreffen".
(Rayn. L. R. 5, 555[2] citirt auch unter *viu* den 20. Vers
in gleicher Lesart — nur schreibt er *vius* und übersetzt:
Jamais pour rien vivant il ne m'attendrait). Dies scheint
eine Anspielung auf eine uns unbekannte Thatsache
zu enthalten.

37. *peccar* hat hier, wie schon Mahn Ged. I, 240
Anm. zu XV bemerkt, die Bedeutung von „ermangeln",
manquer.

47. *romevia*. Diez hat, während er sonst bei Mit-
theilung dieser Str. genau *B* folgt, hier *romaria* anscheinend aus *J* übernommen. Doch lässt sich ein von
romeu, fem. *romeva* (it. asp. romeo) abgeleitetes *romevia*
ebenso gut annehmen, wie *romaria* von einem dem it.
sp. *romero*, afr. *romier* zu Grunde liegenden lat. *rom-
arius* (wovon noch eine andere prov. Ableitung *romay-
rage* Chr. 404, 42 vorkommt). Prov. *romeus*, — *eva*
entstand aber aus einem lat. rom-eus, ea ebenso wie
juzieus, — *zeva* aus judeus, — ea; *pius*, *piva* aus pius,
pia. — Rayn. Lex. 5, 103 kennt nur *romavia*, und zwar
1) aus dieser Stelle, wo er es, wohl an eine Zusammen-

setzung von *Roma* und *via* (Romfahrt) denkend, aus
romevia in B verlas oder verbesserte, 2) aus dem Gedicht des Guiraud de C a l a n s o n: *Ab la verdura etc.*,
wo aber die einzige bisher edirte Hs. *N* bei M. G. 284
romaria giebt. Auch Bartsch Chr. 141, 33 *romania*
ist daher in dasselbe zu verbessern, zumal *L* hier auch
wirklich *romeria* hat. In seinem Lesebuch 161, 23
aber hätte *Romania* gross gedruckt werden müssen, da
es daselbst Eigennamen ist und die heutige europäische
Türkei bezeichnet. Endlich kommt noch nach Rayn.
romeatge, it. romeaggio vor, einem romeaticum von
romeus (wie damnatge-damnaticum von damnum) entsprechend und *romanatge*, das eine Umdeutung aus
anar (gehen) zu sein scheint; aus letzterem verlesen ist
wohl Chrest. 402, 16: *romavage*.

59—60. „Und nicht glaube ich, dass es je zuvor
einem Gefangenen begegnet (so ergangen) wäre, denn
ich bin todt als Gefangener und noch mehr (erst recht)
todt, wenn mich Jemand befreite". Dies soll den wi-
derspruchsvollen' Seelenzustand des Liebenden aus-
drücken, der trotz der Qualen seines von der Minne
gefangen genommenen Herzens diese Lage doch um
keinen Preis mit der Freiheit und Entbehrung aller
Liebesempfindungen vertauschen möchte.

VI.

Der Dichter hat seine Liebe an eine so hochge-
stellte und vortreffliche Dame gewandt, dass er sich
nur wenig Hoffnung auf Erhöhrung seines Flehens
machen kann, wenn nicht Minne sie in gleicher Weise be-
zwingt und ihres erhabenen Standes vergessen macht
(1—18). Doch sollte sich diese Erwartung auch nicht
erfüllen, wird er doch nimmer von ihr lassen, da die
Ehre, einer solchen Dame zu dienen, allen Genuss an
niedrigerer Stelle aufwiegt (19—27). Auch sonst ist
er ihr schon zu hohem Dank verpflichtet (28—36),
sodass wenn die Liebe ihn nicht dazu nöthigte, er sie
um gar nichts weiter ersuchen würde (37—40). Ein

freundlicher Blick schon, eine gütige Antwort könnten ihn glücklich machen (41—45), und wollte sie ihm gar ihre Liebe schenken, würde er mit keinem Könige tauschen (46—54).

Die Strophe dieser Canzone besteht aus 9 siebensilbigen Zeilen, worunter zwei weiblich ausgehende, also nach der Zählungsweise der italiänischen Metrik achtsilbige sind, und lässt keine den Abschnitten in den Worten überall entsprechende musikalische Gliederung zu. Die Reime sind nach folgendem Schema angeordnet: a⌣b a⌣b b c c d d, und wechseln von Strophe zu Strophe, was sich in der Regel nur bei besonders langen und künstlichen Strophenformen findet, doch auch bei kürzeren und einfacheren, wie hier, nicht beispiellos ist. Siehe Bartsch im Jahrb. 1, 172. Dafür ist hier eine andere Art der Strophenverknüpfung angewandt, indem immer die folgende Strophe in der ersten Zeile die Schlussworte der vorhergehenden und mit ihnen den Gedanken des letzten Verses aufnimmt, eine Form der „concatenatio" der Strophen, der die Leys d'Am. 1, 280 den Namen „coblas capfinidas" geben. Vgl. hierzu und andere Beispiele Bartsch a. a. O. 179. Etwas ähnliches hätte sich schon bei V, 50 und 51, wo ses bauzia in gleicher Weise wiederholt wird, und bei IV, 16 und 19 (aitals), 27 und 28 (gazaignar-gadaing), 36 und 37 (merces), 43 und 47 (mon cor) bemerken lassen.

3. „Wo mir (mehr sc. als anderswo) ganz besonders geduldiges Ausharren zu Statten kommen würde".
32—33. Rayn. L. R. 5, 462. 2 führt diese beiden Zeilen gleichlautend an und übersetzt: Par amour du palefroi, dont ainsi elle me laissa descendre. Es muss darin eine Anspielung auf eine uns unbekannte Begebenheit enthalten sein.
35. Non que könnte nur „geschweige denn, nedum" bedeuten (Siehe Diez Gr. [2] III, 391) und giebt hier keinen Sinn [3]). Ich schlage daher vor: mas que

---

[3]) Oder ist dieser Satz als Frage zu fassen und etwa zu übersetzen: „Nicht wahr, die Liebe etc.?", was dann allerdings

zu lesen: „Da gab es kein dem meinen gleiches Glück,
nur dass die Liebe den Wucherer spielt, welcher je
mehr er hat, desto mehr verlangt".

37—40. „Dennoch, wenn Minne mich nicht so sehr
dazu zwänge, würde ich aufhören, sie zu bitten, sodass
ich ganz und gar mich von ihr losreissen würde, wenn
ich diese Liebe vergessen könnte". Z. 38 nimmt die
Z. 40 noch einmal ausgesprochene Bedingung schon
voraus und Z. 39 ist trotzdem abhängig von Z. 37.

43. „Und ich würde (leicht) gar wohl für Bei-
liegen einen süssen liebevollen Blick etc. (nehmen)
schätzen".

VII.

Wägen wir, um die Autorschaft dieser Canzone
festzustellen, die Zeugnisse der Hss. gegen einander
ab, so fällt das grössere Gewicht entschieden auf die
Seite des Mönches von Montaudon, da wir der
Gruppe der Hss., zu welcher die für ihn sprechenden
A J K gehören, im Allgemeinen die meiste Glaubwürdig-
keit unter sämmtlichen Hss. zusprechen müssen. —
Dass die Geliebte v. 62 Maria heisst, kommt nicht
in Betracht, da auch Gui d'Uisel mit Maria von Ventadour in naher Beziehung stand; eher dass auch hier
(v. 54), wie Canz. VI. von dem hohen Stande der
Dame die Rede ist, die ihr ein vertrauteres Verhältniss
mit dem Dichter unmöglich macht. Für den Mönch
als Autor könnte man endlich noch den Ausdruck
(v. 19) *Que jois d'amor m'es guitz*, der lebhaft an Canz.
V, 31 ff. erinnert, in Anschlag bringen. Jedenfalls
spricht nichts weder dem Inhalt, noch dem Tone und
der Redeweise nach gegen seine Autorschaft.

Der Dichter tadelt zunächst diejenigen, die für
andrer Leute Fehler offne Augen haben, nur für die
eignen nicht (1—7). So hat man ihm das Verstum-
men seines Gesanges zum Vorwurf gemacht, während

.mit dem Vorigen in sehr schlechtem Zusammenhang stehen
würde?

doch das böse Treiben der Welt daran Schuld ist
(v. 8—14). Jetzt aber hat ihn nach Jahresfrist wieder
die Liebe ergriffen, sodass er nicht länger schweigen
kann (15—20). Seine Dame ist das Meisterwerk der
schaffenden Natur (21—40); sein Lob bedeutet ihrem
Werthe gegenüber soviel, als wenn Jemand Wasser
in's Meer giessen wollte (41—50). Darf er auch nicht
Gegenliebe von ihr bei ihrem hohen Adel beanspruchen,
so doch Anerkennung, wenn er sie im Liede geziemend
zu preisen versteht (51—60). Schon die Wahrheit
zwingt ihn, von ihr nur Rühmliches zu sagen (61—66).
— Die keine durchführbare Gliederung gestattende
Strophe zählt 10 Zeilen von verschiedener Silbenzahl mit folgenden, durchgehenden Reimen[4]):

8 a
8 b
8 b
8 a
7 c ͜
7 c ͜
8 d
8 d
10 e
10 e.

VIII.

Diese Canzone darf unserem Mönche von Montaudon wohl schwerlich abgesprochen werden, wenn
auch das übereinstimmende, sie dem Berenguier de
Palazol zusprechende Zeugniss von *D^a J K'* das der
überdies zwischen dem Mönche und Guillem de
Berguedan schwankenden Hs. C mehr als aufwiegt.
Folgende sind die Momente, die für unseren Mönch
als den fraglichen Verfasser in's Gewicht fallen: Zunächst ist der Anfang (*Aissi com hom que*) der Canzone
gradezu characterisch für seine Liebesgedichte, während

---

[4]) Die Zahlen vor den Buchstaben geben die Silbenzahl der
betreffenden Zeile an.

sich bei Berenguier de Pal. sonst nichts dergleichen findet. — Der einleitende Vergleich ist ferner, wie der von I und V., dem Lehnsleben, specieller dem Verhältniss zwischen dem grösseren, mächtigeren Herren und den kleineren von ihm abhängigen entnommen. — V. 8—11 finden wir einen Gedanken ausgesprochen, dem wir auch V, 59—60 in fast gleichlautender Fassung begegnen. — Endlich lässt der ganze spitzfindige, zuletzt etwas witzelnde Ton und die mehr auf der Logik des Scholastikers, als dem dunklen, unwiderstehlichen Drange der Gefühle beruhende Art, seine Werbung zu motiviren und anzubringen, auf den Mönch von Montaudon schliessen.

Der Dichter vergleicht sich einem Unterthan, der von seinem mächtigen Herren so lange auf einen nichtigen Vorwand hin gefangen gehalten und geplackt wird, bis er sich mit seinem Gelde loskauft (1—6); der Unterschied ist nur, dass er gar nicht aus den Banden seiner Herrin befreit sein will und daher auch nie Lösegeld bezahlen wird (6—11). Denn dass sie ihn, ihren Gefangenen, unbarmherzig zu Tode quälen wolle, kann er nicht glauben (12—19), dazu ist seine Liebe zu treu und demüthig (20—21). Sie allein hat er ja schon lange, und bisher vergebens, geliebt und wird sie immer lieben, wie sie nun auch seine Huldigungen aufnehmen möge (22—33).

Die durch alle Strophen durchgehenden Reime gruppiren sich nach dem Schema:

10 a⌣	Eine allseitig befriedigende musikalische
10 b	Gliederung der Strophe lässt sich auch
10 b	hier wiederum nicht annehmen.
10 a⌣	
10 c	
10 c	
10 c	
8 d	
8 d	
8 e	
8 e	

3. „Und er (der Gefangene) bittet um Gnade und
er (der Herr) will sie nicht mit ihm haben".

16. „Und ihr hütet euch in Bezug darauf vor
Sünde".

29. Der „*bel compaigno*" scheint der Versteckname
(*senhal* L. d'Am. 1, 338) für die Geliebte zu sein.

IX.

Das vereinzelte Zeugniss von Dᵃ ist ein schwacher
Anspruchstitel für den Mönch von Mont. auf die
Autorschaft dieser unbedeutenden Canzone. Auch
scheint es seiner sonstigen Weise nicht angemessen,
in einem Liede von 6 Strophen, wie hier, nichts weiter
als das Lob der Geliebten in ganz allgemein gehaltenen
Wendungen vorzubringen. Eine Verwechselung des
Gausbert de Poicibot mit ihm war leicht möglich,
da des Ersteren Gedichte in vielen Hss. die Ueber-
schrift: „Lo monges de P." tragen, z. B. in *H*, Herr.
Arch. 34, 388; auch in *A*, ib. 34, 151; 35, 458 etc.

Die nicht kunstlose achtzeilige Strophe ist nach
folgendem Schema aufgebaut und gereimt:

7 a	Da die Hauptcaesur in den Worten mehrfach
7 b◡	(Str. 1. 4. 5) erst nach der 5. Zeile eintritt,
7 a	ist eine Gliederung der Str. unmöglich.
7 b◡	Je zwei Str. sind immer durch gemeinsa-
7 a	men Reim verbunden, was die prov. Poetik
5 b◡	*coblas doblas* (L. d'Am. 1, 252) nennt.
7 b◡	
5 a.	

X.

Der Dichter selbst giebt in der Einleitung dieses
berühmten Schmähgedichtes (Str. 1) den Peire
d'Auvergne als seinen Vorgänger an, dessen Liste
er aus den Reihen der zeitgenössigen Troubadours
vervollständigen will. Daher sind beider Gedichte in
gleicher Weise zu beurtheilen. Mit Unrecht hat man
sie bisher allgemein als für ernst gemeint genommen

und selbst Diez (L. u. W. 75) legt ihnen die Absicht
unter, an den damaligen Kunstgenossen „Kritik üben"
zu wollen. Doch beziehen sich die Schmähungen und
Vorwürfe viel weniger auf die poetischen Leistungen
der Betreffenden, als auf ihr Privatleben und ihre persönlichen Gebrechen; selbst da, wo sie die Dichter als
solche anzugreifen scheinen, sprechen sie nur ganz im
Allgemeinen den Tadel aus, ohne ihn weiter zu be-
gründen. Dazu kommt, dass Peire d'Alv. in dem seinem Gedichte angehängten Geleite (B. Chr. 78, 15—16)
selber sagt:

> Lo vers fo faitz als enflabotz
> A Poivert tot jogan riden.

„Das Gedicht wurde für die Weinschwelge[5]) in Poi-
vert unter lauter Scherzen und Lachen gemacht". · Es
war also ein lustiger Einfall, den unser zu Scherz
und Spott aufgelegter Mönch von Montaudon nachzu-
ahmen sich vornahm. Sehr gut mit dieser Auffassung
stimmt auch, dass in den letzten Strophen beide Dichter ihre Schmähungen gegen sich selbst kehren und
dabei ein nicht minder strenges Gericht ausüben, als
im Vorhergehenden, wo sie ihre Kunstgenossen durch-
hecheln[6]).

Die Entstehungszeit des Gedichtes lässt sich ziemlich genau bestimmen. Strophe 9 wird nämlich die

---

[5]) So nämlich übersetze ich, einer Angabe von Tobler
folgend, enflabotz, es als ein Compositum von enflar („auf-
schwellen") und bot „Schlauch" ansehend, also wörtlich
„Schlauchfüller", eine scherzhafte Bezeichnung für eine muntere
Gesellschaft.

[6]) Diez (L. u. W. 76) hält zwar die von der Lebensnachricht des Peire d'Alv. allein überlieferte Schlussstrophe seines
Schmähgedichtes für die ursprüngliche, dem Dichter sehr güns-
tig lautende Fassung, und meint dass die in den Texten gegebene eine von fremder Hand herrührende Parodie derselben sei,
ebenso wie bei dem Mönch von Münch v. M. „eine vergeltende
Hand" später die letzte Strophe zugesetzt habe. Doch ist das
Verhältniss wohl umzukehren und anzunehmen, dass ein spä-
terer Verehrer des „primier bon trobador el mon" Anstoss an
der Schmähung desselben nahm und sein Lob an ihre Stelle
setzen zu müssen glaubte.

unglückliche Liebe Arnaut's von Mervoill erwähnt. Nach Diez L. u. W. 126 wurde dieser aber a. 1194 von seiner Dame, der Gräfin Adalasia von Burlatz (Tochter Raimund's V. v. Toulouse und seit 1171 Gattin Roger's II. Taillefer, Vizgrafen v. Beziers, s. Biogr. XI bei Mahn und Diez a. a. O. 120), sowie von Alfons II. v. Aragon, seinem früheren Gönner und ihrem neuen, glücklicheren Verehrer, verabschiedet. Nach Diez (a. a. O.) starb aber die hier noch als lebend gedachte Adalasia 1199 oder 1200, — folglich muss das Gedicht zw. 1194 und spätestens 1200 entstanden sein. Ist ferner die zu Str. 13 (siehe unten) ausgesprochene Vermuthung richtig, und enthält sic wirklich eine Anspielung auf Folquets v. Marseille Übertritt in's Kloster, so kann es nicht vor 1199 gedichtet sein. Denn nach Biogr. VI bei Mahn erfolgte Folquet's Üebertritt erst nach dem Tode Richard's Löwenherz, also nach dem April des Jahres 1199. Demnach setzen wir die Entstehung des Gedichtes wohl am wahrscheinlichsten in das Jahr 1199.

Schon P. Meyer hatte [7]) (Les derniers troubadours, Paris 1871) mehrfach darauf hingewiesen, dass dies Gedicht des Mönches von Montaudon für Nostradamus die Veranlassung zur Erdichtung seines *monge de Montmajour, lou flagel dels Troubadours*, war, und seine Letzterem zugeschriebenen Aussprüche den betreffenden Stellen unsrer Satire (l. c. 136) gegenübergestellt. Ein Aufsatz von Bartsch im Jahrb. (Neue Folge I S. 1 ff.: Über die Quellen von Jehan de Nostradamus) weist noch des Genaueren nach, dass sein

---

[7]) Zuerst hat eigentlich Crescimbeni, Istoria della volgar poesia 2,200 die Uebereinstimmung zwischen beiden Mönchen bemerkt, da er meint, dass der Mönch von Montmajour nach dem Vorbilde des von Montaudon gedichtet habe. Ähnlich dann Millot, Hist. litt. des troub. 3,175. Endlich sagt auch Diez schon L. u. W. 607: „Der Mönch von Montmajour ist allen Umständen nach der von Montaudon, dessen Satire man später erweitert zu haben scheint."

Mönch von Montmajour identisch mit dem Mönch von Montaudon ist, dass Nostrad. den Text dieser Satire vor sich hatte, aber eine Menge anderer Dicta desselben dazu erfand" [8]).

---

[8]) Es seien mir hier einige Bemerkungen zu dieser Arbeit, die einer von mir beabsichtigten Untersuchung über das Verhältniss der beiden Mönche zu einander zuvorgekommen ist, gestattet. — Bartsch, mit dessen Resultaten ich übrigens sonst vollkommen übereinstimme, behauptet wiederholt (a. a. O. S. 11 und 55), dass Nostr. die Satire des Peire d'Alvergne nicht vor sich gehabt oder doch übersehen habe. Dies scheint mir aber nicht glaublich zu sein. Denn nicht nur steht sie in *a*, dessen Vorlage Nostr. bekanntlich kannte und benutzte, sondern auch sonst enthalten fast alle Hss., wenn das eine, auch das andere Spottgedicht. Aus der Biographie Peire's d'Alv. allein konnte ferner N. nicht wissen, dass die von ihm (p. 163) angegebene Strophe aus P. d'Alv.'s Gedicht, wie er ausdrücklich bemerkt, die Schlussstrophe desselben war „*en la coupple finale d'icelle il ne s'oblie pas disant que sa voix surpassait toutes celles de son temps etc.*") Die Biographie (bei Mahn Nr. IV.) führt sie nur mit den Worten ein: *Mout se lauzava en sos chantars — si quel dic de si etc.* — Der Grund, weshalb N. den ihm wohlbekannten P. d'Alv. nicht in gleicher Weise, wie den M. v. M., benutzte, scheint der, dass sein Spottgedicht, von den 3 ersten geschmähten Dichtern abgesehen, nur sonst ganz oder (wie de Brival Lemozis, Peire Bremons) fast unbekannte Troubadours betrifft, also ohne Einschmuggelung anderer Namen nicht zu verwerthen war. Von dem, was P. d'Alv. über die 3 zuerst angeführten, auch sonst näher bekannten Dichter vorbringt, hat N. auch wirklich das über Guiraut de Borneill Gesagte (p. 146) benutzt. — B. irrt sodann, wenn er S. 55 sagt, nach Nostr. habe P. d'Alv. seine Satire erst als Gegenstück zu der des M. v. M. gedichtet. Vielmehr heisst es bei Nostr. p. 163: *Il a faict une chanson — à l'imitation de laquelle le Monge de M. a faict la sienne toute au contraire.* — Ferner hat B. (S. 10) nicht gesehen, dass das, was Nostr. p. 164 als Aussage des Mönches von M. über Peire d'Alv. anführt, auf einer Verwechselung beruht, indem es dasselbe ist, was hier Str. 5 von dem Mönche von Montaudon gegen „*Peirol us Alvergnat*" vorgebracht wird. (Nostr. sagt nämlich: *Le M. de M. dict, que depuis qu'il fut amoureux d'une Bagasse de Provence, il ne chanta jamais rien qui vallust.*) Endlich fehlen in der sonst vollständigen Liste bei Bartsch von den dem M. v. Montmajour durch N. zugeschriebenen Zeugnissen über die

Der F o r m nach sind die beiden Satiren des P.
d'Alv. und des M. von M. durchaus identisch und als
v e r s anzusehen (was auch mit dem angeführten Geleite und der Angabe der Biogr. von Peire d'Alv.
stimmt). Die S t r o p h e besteht aus 6 achtsilbigen
Zeilen mit den R e i m e n a a b a a b, von denen *b* durch
das ganze Gedicht hindurchgeht und bei beiden Dichtern derselbe (auf — *en*) ist.

10—11. „Aber was das anbetrifft, dass ich nicht
nach dem Gegenstande seiner Sehnsucht verlange, so
will ich nicht sein Schicksal theilen, denn bei ihm
(dem Gegenstande seiner Sehnsucht, der Geliebten)
findet man schlechte Aufnahme"; oder „denn er (Guillem) erfährt schlechte Aufn."

16. Hiermit stimmt die Erzählung seiner Biogra-
graphie (Mahn Nr. XVI). — *s'cretgi*, Biogr. *se rendet
en l'orden dels cretges*, d. h., sie wurde eine *haeretica
perfecta*. Nach C. S c h m i d t, *Hist. et doctrine des Ca-
thares ou Albigeois*, Paris 1849, t. II. p. 91 ff. (P. Meyer
citirt a. a. O. falsch zu dieser Stelle t. I, 35), war ein *hae-
reticus perfectus* ein solcher, der durch Empfang des
Consolamentum, d. h. durch Auflegung der Hände, in
den Besitz des heiligen Geistes gelangt und förmlich
in den Schoss der Kirche der Ketzer aufgenommen
war. Er führte dann ein entbehrungsvolles ascetisches
Leben als wandernder Apostel. Die *perfectae* wohnten
entweder allein in Hütten, unter Beobachtung derselben Enthaltsamkeit, oder mehrere zusammen in ge-
meinsamen Häusern, sich mit Handarbeit, der Erziehung
junger Mädchen, der Armen - und Krankenpflege be-
schäftigend. Beide Geschlechter mussten sich aber
bei Empfang des consolamentum feierlich von allen
Familienbanden, aller Fleischkost etc. lossagen und
Keuschheit geloben.

21. R a i m o n v o n M i r a v a l, der „ritterlichste
aller Troubadours", besass (nach der Biogr. Nr. I V

Troubadours die Bonifaci de Castellane (p. 136) und Ancelme
de Mostiere (p. 212) betreffenden.

bei Mahn) nur den 4. Theil der Burg Miraval und
liebte es sich in seinen Canzonen als den Vasallen
seiner Herrin und sein Schloss als ein von ihr
empfangenes Lehen zu bezeichnen. Siehe M. W. 2,
120 Nr. 1; 122 Nr. 3: *Per qu'ieu non pes de ren al,*
Mas de servir a plazer
Lieys de cui tenc Miraval;
124, Nr. 4 *(E d'aquelha Miravalh tenh)*; 125, Nr. 5
128, Nr. 7: *Domna, que torn' en blasme sa valor,*
No deu aver de Miraval la tor.
129, Nr. 8; 130, Nr. 9; 132, Nr. 10. Bartsch Chr.
150, 26.

23. Dies geht auf die Dürftigkeit des Ritters, der
nicht, wie die anderen Burgherren zu thun pflegten,
an den ersten des Monats Feste geben konnte.
So sagt Peire Cardenal (B. Chr. 168, 20):
Rics hom, quan fai sas calendas
E sas cortz e sas bevendas etc.

26. Biogr. XIX bei Mahn sagt von Peirol: *esde-*
venc joglars et anet per cortz e receup dels barons
draps e deniers e cavals.

32. Siehe Biogr. VII bei Mahn, wo die Dirne
Guillelma Maria heisst.

36. Uzerche in Limousin war des Dichters Geburtsort.

38. S. Biogr. XII bei Mahn.

40. „Und er bringt an solcher Stelle seine Ge-
sänge an, wo er nicht allein ist, (sondern) mit 30 Ge-
nossen". Es scheint demnach, dass G. Ad. als Mitglied
einer grösseren Truppe von Jongleurs im Lande her-
umzog.

45. Die „dunkle Manier" des A. D. (Vgl. über
sie Bartsch im Jahrb. I, 195 ff. Diez, Poesie 103;
L. u. W. 131 ff., 351) ist zur Genüge bekannt und
wird schon von seiner Lebensnachricht (Nr. II bei
Mahn) erwähnt.

46—47. Dies bezieht sich auf Stellen in den Gedichten des Arn. D., wie M. W. II, 74:

Eu son Arnautz qu'amas l'aura
E catz la lebr' ab lo bueu,
E nadi contra suberna.

Vrgl. ferner ib. 71, Str. I:

Tan sai quel cors fas restar de suberna,
E mos buous es trop plus correns que lebres.

M. G. 426: *acel joi c'avia l'autr'an, Can casava lebres ab lo bou,* und Diez, L. u. W. 348, Anm. wo nachgewiesen wird, dass Petrarca diese Gleichnisse, deren Sinn ist: ich mache das Unmögliche möglich, dem Arn. D. entlehnte. — Ich bin hier von der Version, die A für die beiden vv. 46—47 giebt, abgewichen, da die von D L und den Pariser Hss. übereinstimmend gebotene auch den Worten des A. D. selbst (M. W. 2, 74) mehr entspricht.

54. „Je besser er singt, (um so eher) fliesst ihm die Zähre (von den Augen) herab". Der zweite correlative Comparativ ist ausgelassen, aber leicht zu ergänzen.

55. Dieser Dichter ist sonst unbekannt. Diction. univ. de la France, Paris Saugrain 1726, einen in Quercy, Dioc. Montauban; einen in Agenois, Dioc. Agen; zwei in Armagnac (wovon einer im Bas Armagnac), Dioc. Auch.

67. Vgl. Biogr. XXXIX bei Mahn. Nach Diez (L. u. W. 598) ist der N Anfos, den die Biogr. als Grafen von Toulouse bezeichnet, Alfons Jordan († 1148). Wenn die Lebensnachricht von einer Tochter des Grafen spricht, so ist es wohl ein Missverständniss dieser Stelle.

73. Vgl. Biogr. VI bei Mahn.

75. In den Liedern des Folquet finde ich keinen Anhalt für diesen Vorwurf des Meincides. Wahrscheinlich aber legte er einen ähnlichen Eid ab, als er in das Kloster eintrat, oder es wurde von ihm doch wenigstens in den Troubadourkreisen erzählt, dass er als frommer Mönch nunmehr seine Vergangenheit verleugne.

77. *pro vetz* „oftmals". 76—77 musste wieder von
Hs. *A* abgewichen werden, da ihr Text in den Reimen
nicht genügte. Vielleicht ist mit *D,* und auch besser
zu *A* und *L* stimmend *per vetz* zu lesen, in der Bedeutung: „durch Gewohnheit, gewohnheitsmässig".
79. Dieser Guillem Moyses ist sonst nicht bekannt. Rayn. hat ihn zu einem Marquis Guillem gemacht, obwohl schon Crescimbeni, Ist. d. volg. Poesia II, 200, wo er die vom M. v. M. verhöhnten Dichter aufzählt, als drittletzten Guglielmo Mose anführt.
85. Vgl. M. Biogr. X und Bartsch, Peire Vidal's
Lieder, Berlin 1857, Einl. S. XV.
89. P. Vidal, der gradezu an Grössenwahnsinn
litt, legte sich nicht nur selber den Titel *cavalier* bei,
sondern hielt sich überhaupt für den vortrefflichsten
und tapfersten Ritter, der je existirt habe.
Siehe z. B. P. Vidal Nr. 23, Str. 7 (auch M. G.
90, 7); 27, v. 41—48 (auch M. W. 1, 232); 19, 11—20
(M. W. 1, 239). Man vergleiche hierzu auch das Sirventes, das der ital. Margraf Lanza (P. Vidal Nr. 33)
gegen ihn schleuderte, als er zuletzt gar den Praeten-
denten auf den griech. Thron spielte und sich Kaiser
nennen liess, und das, was Matfre Ermengau (Chr.
315, 34—316, 6) von ihm sagt.
91. Diese 16. Str. scheint nicht echt zu sein. Denn
1) hiess es schon in der vorigen Str.: *Peire Vidals
es dels derriers* (bei Matfre Erm. (l. c. 317, 1) gradezu *le derriers).*
2) hat Peire d'Alv. schon in der 6. Str. seines
Gedichtes von diesem sonst unbekannten Guillem de
Ribas gehandelt, und der M. v. M. sagt hier v. 2—4
ausdrücklich, er wolle von den später aufgestandenen,
also jedenfalls doch andren Troubadours singen.
3) haben ADL diese Str. gradezu wörtlich von
P. d'Alv. entlehnt; nur Rayn. hat die auch hier befolgte
abweichende Redaction dafür in einer seiner Par. Hss.
gefunden.
4) hätten wir dann für den Reim *a* hier zum 3. Mal
— es (vgl. Str. 4 und 11), während sonst von keinem

Reime an dieser Stelle in mehreren Str. zugleich Gebrauch gemacht wird.

Nach Bartsch Leseb. Anm. zu 77, 23—28 hat eine einzige (welche?) Hs., die einen Peire Laroque an dieser Stelle nennt, wahrscheinlich die richtige Überlieferung. Wie auch sonst die Hss. mehrfach Strophen aus beiden Satiren verwechseln, so mochte auch hier zunächst die 6. Str. aus der Peire's d'Alv. — denn ihr gehört sie ursprünglich an, wie die Zahlbezeichnung quins beweist, was beim Mönch von M. der 15. heissen soll — in diese hinübergekommen sein und dann von einem späteren Sammler, der die Übereinstimmung zwischen beiden Gedichten bemerkte und entfernen wollte, die von Rayn. gefundene Fassung erhalten haben.

97. „Mit dem 16. würde es wohl genug sein, dem falschen M. v. M. etc." 98 ist Apposition zu *ab lo sezesme*. — Zu dieser letzten Str. bemerkt Millot 3, 175, nachdem er zuvor eine von allen möglichen Fehlern strotzende Übertragung des Gedichtes gegeben hat: *„C'est ainsi qu'on joint à la méchanceté les artifices de la ruse, aux dépens de son honneur"*.

104. Es giebt mehrere Flecken mit Namen Caussada, die in Betracht kommen können, nach dem

105. Ein Lobeo ist nirgends zu entdecken gewesen.

XI.

Da nur *CR* dies gegen einen unbekannten gascognischen Jongleur mit energischen Schmähungen sich richtende Sirventes dem M. v. M. zuweisen, werden wir es kaum für ihn in Anspruch nehmen dürfen, obwohl uns sonst nichts von Gausbert de Poicibot ausser einigen, über die gewöhnlichen Phrasen und Gedanken der prov. Minnelyrik sich nicht erhebenden Canzonen überliefert ist.

Die nicht weiter theilbare Strophe setzt sich aus 8 siebensilbigen Versen zusammen, deren Reimfolge das Schema: aaabᵥaaabᵥ ergiebt; nur der weibliche Reim (*b* ⌣) wird von allen Strophen wiederholt.

4. Das *en* geht auf *mals* zurück: „dass es dir daran gebreche".

16. *maigna*, pr. sonst nicht bekannt, ist sp. *maña*, pg. *manha*, cf. Diez E. W. ² II, 148, der es von lat. machina, mach'na herleitet. Auch afr. *maine* kommt gleichbedeutend vor („Fertigkeit, Arglist"), so Bartsch, Chr. fr. 174, 9: „*tant par esteit de male maine etc.*", wo das Glossar es ungenau mit „*manière, Benehmen*" wiedergiebt.

21. *enfrus* - homo insatiabilis, Don. prov. 59, b.

24. *qu'om s'i afraigna*, siehe zu XII, 37.

27. *Nec* ist nicht, wie Rayn. L. R. 5, 126 annimmt, mit *nesci, afr. nice* identisch, auch nicht, wie Diez E. W. ³ will, mit sp. *niego* (für nidego von nidus), da es prov. stets einsilbig und nie anders als in der Form *nec* vorkommt. Don. Prov. 45, b, hat *necs - impeditus lingua*, und danach übersetzen es auch Rochegude und Honnorat mit *bègue, bredouilleur;* wahrscheinlich meint das Glossar aber gradezu „*stumm*", wenigstens passt diese Bedeutung am besten, wo es vorkommt, so M. G. 1, 1: *quant l'auseil son de cantar nec*, und wahrscheinlich auch Chr. 132, 29: *non pretz necs mans*, „ich achte nicht stumme oder heimliche Botschaften (anderer Frauen)". Namentlich häufig ist die hier vorkommende Verbindung *tener nec* - v e r h e i m l i c h e n, v o r e n t h a l t e n, so MG. 1, 6: *per son avol faig tener nec;* besonders entscheidend ist Leys d'Am. 2, 256: *E per so se pequec Nath de Mons cant dich „Quar qui o ver te nec lay on direl deura etc."* [9]).

28—30. „Obgleich er sich anderen darum entfremdet, der König, dem man darin nicht folgt (nämlich im Unterstützen unwürdiger Jongleurs, wie du einer bist), wenn einer (sc. ein Bettler, wie du) nicht sehr glatte (sich einschmeichelnde, heuchlerische) Zunge hat", *forbit bec* vgl. *lauzengier bec esmolut* XIX, 9.

---

[9]) Nach einer Bemerkung des Herrn Prof. Tobler in Berlin.

37. *huy* ist wohl der vorhin (v. 29) erwähnte König.

41. *dels.* Sind damit die Leute des Königs, seines Herren (v. 42) gemeint? Besser wäre *d'als* „im Übrigen" zu lesen.

46. *le compaigna* „halte Gemeinschaft mit den Meistern".

50. *obra d'araigna.* Das Werk der Spinne ist ein schon den biblischen Schriften bekanntes Symbol jeder nichtigen, vergänglichen und unfruchtbaren Arbeit cf. Peire V. Lied Nr. 5, Str. 5 (auch Lesch. 68, 62) *Plus qu'obra d'aranha. Non pot aver durada Amors.* Siehe auch Albertinus, der Welt Tummel- und Schawplatz. München 1612, p. 326.

XII [10]).

Tenzonen [11]) habe ich dieses und die folgenden 3 Gedichte überschrieben, obwohl sie nur fingirte,

---

[10]) Zu diesem Gedichte und Nr. XIX standen mir einige Anmerkungen des Herrn Prof. Tobler zu Gebote, die ich mit (T.) bezeichnen werde.

[11]) Noch immer werden die Tenzonen und Partimens, so auch bei Bartsch, Gesch. der pr. Lit. 34, durch einander geworfen, obwohl sie zwei verschiedene Gattungen sind. Die Leys d'Amor, 1, 344 ff (auch Chr. 368, 29 ff. abgedruckt) unterscheiden genau zwischen beiden, indem sie sagen: *Tensos es* contrastz *o debatz,* en lo qual cascus mante e razona *alcun* dig o *alcun* fag etc.; *Partimens* es *questios ques ha dos membres contraris,* le quals es donatz ad autre per chauzir e per sostener cel que volra elegir; e pueysh cascus razona e soste *lo membre de la questio, lo qual haura elegit.* — Diferensa pot hom pero vezer entre tenso e partimen, quar *en tenso cascus razona son propri fag,* coma en plag; mas *en partimen* razona hom *l'autru fag e l'autru questio.* Die Tenzone ist also ein einfaches S t r e i t g e d i c h t, in welchem je eine Strophe dem einen Sprechenden, die andere dem anderen angehört, und das sich um irgend ein Factum oder Dictum in freier Wechselrede bewegt. Zum partimen gehört aber das j o c p a r t i t, d. h. dass der eine Betheiligte zunächst eine bestimmte zweigliedrige Streitfrage, zwei sich widerstreitende Sätze vorlegt, von denen sich der andere einen zur Vertheidigung aussucht; worauf jener die übrig gebliebene Behauptung zu verfechten hat. — Jenes ist also ein in freier Gedankencombination sich ungezwungen fortbewegendes Zwie-

von einem einzigen Verfasser herstammende Zwiegespräche sind, denen jedesmal eine über die Situation aufklärende Einleitung vorausgeschickt wird. (Vgl. Diez, Poesie 190.) Dennoch sind sie dem Inhalt nach nicht anders einzureihen, während sie sonst noch am ehesten den Pastorellen zu vergleichen sind, welche ebenfalls erzählend und den Dichter redend einführend anheben und, indem dieser mit einer Schäferin ein Liebesgespräch anknüpft, in dramatischer Wechselrede verlaufen.

Die Str. dieses Gedichtes setzt sich aus 8 siebensilbigen Zeilen zusammen, deren Reime, worunter 2 weibliche, durchgehen und folgende Ordnung haben: abbacᴜabcᴜ. Die Diaeresis nach der 4. Zeile ist nicht möglich, weil die Interpunction meistens nicht damit stimmt. Auch hier sind die Reime meistentheils nicht reiche; ein rims equivocs ist *dos* 10 (duo) und 39 (dona).

6. *venguis* 2 S. Perf. Ind. für *venguist*, ebenso v. 33: *fezis*, 39: *sofris*. Siehe Diez 2³, 213. Einmal findet sich im Don. prov. des Uc Faidit p. 14: *ames-amavisti*, was aber nur ein Druckfehler ist, da er sonst keine Spur dieser Form hat und eine Variante zu dieser Stelle ebenfalls *amest* liest. (T.)

7. Der Dichter befand sich also zur Zeit noch in Montaudon, und zwar, nach dem er (v. 9 ff.) schon früher in ritterlicher Gesellschaft längere Zeit verweilt hatte, die ihm nun, da er wieder in das Kloster zurückgegangen ist, ihr Wohlwollen und ihre Freundschaft entzogen hat. Er hatte (v. 31—32), bevor er zu den Lectionen zurückkehrte, schon die Absicht gehabt, nach Spanien, d. h. zu seinem Gönner Alphons II. von Aragonien zu gehen. Weshalb er den Gedanken aufgab ist nicht klar; jedenfalls fällt das Gedicht nach

---

gespräch, dies ein dialectisches Hin und her, das für die beiden aufgestellten Sätze immer neue Gründe und Widerlegungen vorbringt; allerdings ist nach den L. d'Am. selbst die Verwechselung beider Gattungen eine alte, aber nichts desto weniger missbräuchliche.

einem ein — bis zweijährigen Aufenthalt (9—10) in
der Priorei zu Montaudon, der auf eine längere Ab-
wesenheit von derselben folgte, und es soll nun seinen
Entschluss, neuerdings in die Welt zurückzugehen,
rechtfertigen. Es ist demnach eine Art Programm für
seine neue weltliche Lebensperiode.

12. *servis* 1 Sing. Praes. Ind. für *servisc*, ebenso *obezis* Chr. 75, 16. *partis* ib. 45, 11 *dormis* 74, 30.

14. „Herr Rando, dem Paris gehört". R. muss
ein Versteckname für König Philipp II. August
sein.

16. „Er und ich glaube, dass darüber klage er,
wie ich"? Das *en* könnte auf die Entfremdung der
Barone gehen; es bleibt aber doch unklar; auch *C's*
Lesart genügt nicht, denn mit Diez zu übersetzen:
„und ich glaube, er bedauert, dass meine Wanderungen
aufhören" legt in das *plaigna* mehr hinein, als er-
laubt ist.

24. Vgl. Biogr.: *et el portava tot a Montaudon al
sieu priorat; mout crec e meilloret la soa gleisa.*

25. *tem que faillis.* Siehe Anm. zu 1, 41. *faillis*
ist, da Indic. nach *tem* unmöglich, Imperf. Conj., wobei nur die consecutio temporum eigenthümlich ist.
Nach L. d'Am. 2, 278, ist eine solche Verbindung eines Praes. mit Conj. Imperf. besonders nach einer
Conjunction des Zweckes zulässig. (T.)

30. *n'aïs.* Bartsch folgt Rayn. 3, 575, 2, und nimmt
dazu einen Infinitiv aïr = fr. haïr an, obwohl sonst pr.
nur noch im Boeth. v. 197 *aissent* (als Partic.) vorkommt; sonst ist prov. *azirar* allein gebräuchlich.
Diese Übersetzung von Rayn.-B. würde aber den Non-
sens ergeben „Wegen der Welt, die mich nicht darob
hasst, kehrte ich in das Kloster zurück", womit auch
Str. 2 in Widerspruch steht. Diez übersetzt daher
auch, von ihnen abweichend „obwohl mir die Welt
nicht zuwider war" — was sich nicht mit dem Texte
vereinigen lässt. — Das Richtige scheint zu sein, ein
Adj. *aïs*, cas. obl. *aïn* anzunehmen (das nicht von
einem aïr kommen kann, da es sonst *aïtz* heissen

müsste); dies kommt auch wirklich vor in einem Gedicht des Jaufre Rudel, M. W. 1, 66 (auch M. G.
143): „*so qu'eu vuoill, m'es tant ahis, qu'en aissim me fadet
mos pairis* (hat mich mein Pathe gefeit), *qu'ieu ames
e non fos amatz* ", wo Rayn. *dédaigneusement refusé*
übersetzt, „gehässig, a b g e n e i g t" aber entschieden besser passt. Hiervon haben wir hier ein abgeleitetes Verbum nach der 1.: *ahinar* in der 2. Sing. Conj. mit der
Bedeutung „hassen" (T.) — Ich übersetze demnach:
„Damit Du (Gott) mich nicht wegen des weltlichen
Treiben hassest, kehrte ich zu den Lectionen zurück". — *Pel segle* gehört mit in den von *que* abhängigen Satz und ist darin nochmals durch *ne* aufgenommen, — eine Freiheit der Wortstellung, die die romanischen Sprachen auch sonst mit den klassischen theilen (vgl. hier XV, 27: *de vos no cuit que nuls bes n'esper*, und Bartsch, Denkm. 63, 15 „*yeu digas quet tra-
meti*, sage dass ich dich sende" und Anm. dazu) und
die den Zweck hat, dem Hauptbegriff durch die Stellung an der Spitze des Satzes ausserhalb seines eigentlichen Gefüges, mehr Nachdruck zu geben.

32. *l'anar d'Esp.* für *en Esp.* Ebenso Chr. 161, 3
al intrar del estor, „beim Eintreten in den Kampf" (T).

35. König R i c h a r d L ö w e n h e r z muss gemeint
sein, wie (schon Diez machte darauf aufmerksam) die
Erwähnung der Mark Sterlinge (Z. 38) und seiner
Gefangenschaft (Z. 43), durch welche für den Besitz
des kaum errungenen A c c o n Besorgnisse entstehen
mussten, beweisst. — S o l a i r o s, wie D liest (bei
Bartsch und Rayn. Salaros) ist unbekannt, bestätigt
aber eine frühere Vermuthung Tobler's, der darunter
O l a i r o s (pr. Form für O l é r o n, die bekannte kleine
Insel an der Mündung der Charente), zu Aunis, und
also damals den Engländern gehörig, finden zu können
glaubte. Aus dem vorhergehenden *es* konnte leicht
der falsche Anlaut *s* an den Namen antreten, zumal
er den Schreibern unbekannt sein mochte.

36. *amis* für *amics* häufig im Reime, vgl. Chr. 41,
12; 74, 22; 224, 14. Leseb. 32, 10: ami.

37. Diez übersetzt diese Zeile nicht und B. giebt hier für *afranher* die Bedeutung: „*manquer*, gebrechen" an, was unmöglich ist, schon weil *o* nur Acc., nicht Nomin. sein kann. — *Afranher* ist ein sehr dunkles Wort, so wird im Don. prov. p. 23 *afrais* mit consolatus est übersetzt. Sicher ist, dass ̦es sich meist r e - f l e x i v gebraucht findet (so in unklarer Bedeutung Chr. 123, 19) und zwar häufig v o n d e r N a c h g i e - b i g k e i t der Geliebten, z. B. M W. 2, 19: *s'a lei platz que ja vas mi s'afragna*, „dass sie ihren starren Sinn breche"; M G. 28, 5: *braus cors s'afraing*, „trotziges Herz beugt sich, fügt sich". Auch hier XI, 24, wo es „sich überwinden" bedeutet (T.). — Vielleicht hat das nicht reflexiv gebrauchte Verbum daher die Bedeutung bekommen, „einem anderen d e n S i n n b r e c h e n, ihm e t w a s a u s r e d e n", so hier: „Daher rathe ich denn, dass er (König Richard) dir es (das Verbleiben im Kloster) ausrede".

39. „mit den Geschenken an Dich".

47. „würden daselbst arger Türken viel sein".

XIII.

In der ersten Zeile beruft sich der Dichter selber auf eine schon früher stattgefundene Zusammenkunft mit Gott im Himmel; dies kann nur auf die vorhergehende und nicht auf die folgende Tenzone gehen, denn

1) heisst es hier v. 1 *fui a parlamen*, also z u r Unterredung, und nur in der vorigen Tenzone unterhält sich der Mönch selber mit Gott; in der folgenden ist er während beider von ihr geschilderten Verhandlungen nur stummer Zuhörer.

2) ist es auch dem Inhalte nach passender anzunehmen, dass die folgende Tenzone, namentlich wegen ihres zweiten Theiles, erst nach dieser gedichtet ist. Hier denkt sich der Mönch, dass nur erst die Heiligenbilder (siehe Anm. zu v. 3) ihre Klage über das

Schminken der Weiber beim himmlischen Vater [12]) ange-
bracht haben. Dieser will nun den Mönch beauftragen,
die Frauen davon abzubringen. Der aber weigert sich
nicht nur dessen, sondern vertheidigt sogar die Frauen
noch gegenüber den Heiligenbildern. Da Gott also
einsieht, auf diese Weise nichts erreichen zu können,
zieht er es vor, erst noch einmal beide Parteien vor
sich zu citiren, beide Kläger und Beklagte anzuhören
und dann einen Vergleich zwischen ihnen zu versuchen.
Diese Verhandlungen schildert uns nun die zweite
Hälfte der folgenden Tenzone.

Übrigens steht der Mönch mit seinen Klagen
über das übermässige Schminken der Frauen zu seiner
Zeit nicht vereinzelt da. Man vergleiche was das
Fragment aus dem Miserere des Reclus de Moilien, eines Zeitgenossen Königs Heinrich II. von England (nach Ducange, Ed. des Ioinville, préf. XCIX,
Paris 1668), bei Bartsch Chr. fr. [2] 341, 11—342, 36 über
denselben Gegenstand sagt.

Die Strophe ist ganz gleich der des vorigen
Gedichtes, nur dass die beiden weiblichen Versaus-
gänge sich hier in der 2. und 3. Zeile finden und die
Reime nach folgendem Schema geordnet sind:

a	Eine Diäresis nach der 4. Zeile, und
b⌣	für den Abgesang 2 versus anzuneh-
b⌣	men, ist erlaubt, da die Interpunction
a	durchgängig dazu stimmt. — Die 4
c	Tornaden dürfen uns nicht wundern;
d	da der gewöhnliche Vers oder die Can-
d	zone 2 und selbst 3 Geleite haben
c	

darf, kann die Tenzone 4 haben, indem jedem der
Streitenden je 2 davon zukommen.

---

[12]) Die ungezwungene, gemüthliche Art und Weise seines hier von dem Mönche angenommenen Verkehrs mit Gott
und der derbe, zuletzt sogar unfläthige Ton, in dem er selbst Letzteren sprechen und die Weiber bedrohen lässt, sind selbst als
Scherze für unser Gefühl verletzend und gradezu widerwärtig;
nicht so für die Anschauungs- und Denkweise des mittelal-
terlichen Menschen, der noch mehr Naturmensch und deshalb

3. *vout.* Die „vout" in dieser und der folgenden
Tenzone sind schon sehr verschieden, aber wohl noch
nirgends richtig erklärt. Millot 3, 165 findet darin
abwechselnd Mönche und Votivgemälde; ihm
folgt Diez nicht nur in der Inhaltsangabe des folgenden, das Schminken der Frauen betreffenden Stückes,
sondern auch bei Besprechung dieses Gedichtes, das
ihm doch im Choix vollständig gedruckt vorlag, redet
es immer von Votivgemälden. Mahn. Anm. zu
Ged. 393 (G. 2, S. 67) will nur Mönche darunter
verstanden wissen. Fauriel endlich, poésie pr. 2,
193 sagt: „*ce sont les* murailles et les voûtes
des maisons. *Ces voûtes, ces murailles vivent, elles
parlent et ont de grandes choses à dire etc.*" und meint
dann „*qu'il y a quelque chose d'Aristophanesque dans
cette idée*". Rayn. übersetzt es 1) mit moine, reli-
gieux (votus) 2) visage face. Unter *tortura* übersetzt er aber hier Z. 10—11: „*par tordure les* cour-
bés *perdent leur droit.* — Das Richtige liefert uns —
worauf mich Prof. Tobler zuerst aufmerksam gemacht
hat — das Reimlexicon zu den Gramm. Prov. p. 57ᵃ:
voutz-imago ligni. Danach scheint es von lat. vultus
zu kommen und eine Bezeichnung für die Heiligenbilder zu sein, die aus Holz, Thon, Stein etc., ver-
fertigt und meist polychromistisch bemalt über-
aus zahlreich in den Kirchen des Mittelalters aufge-
stellt wurden.[13]) An solche dachte jedenfalls auch
Reclus de Moilien, wenn er l. c. 30—32 sagt: *wai
cheli-qui pour soie biauté aoire* se paint comme
ymage marmoire. Dass aber unter vouts Ge-

---

den Griechen ähnlicher, als wir, sich Gott und seinen himmlischen Hofstaat sehr anthropomorphistisch vorstellte. Man
denke z. B. an die oft nicht minder handgreiflichen Spässe und
ungenirten Redewendungen, die Heilige und sogar die aller-
höchsten Bewohner des Himmels in den französischen Myste-
rien sich erlauben.

[13]) Vgl. über die zu dieser Zeit beliebte naturgetreue Bemalung plastischer Werke Lübke, Gesch. der Plastik, Leipzig
1863, S. 336.

genetände **kirchlichen** Characters zu verstehen
sind, lehrt v. 72 ihre Zusammenstellung mit autar.
Dass diese, dem Leben möglichst getreu nachgebil-
deten, mit kräftiger Bemalung ausgestatteten Stand-
bilder und Reliefs von Heiligen, Aposteln und sonstigen kirchlichen Personen hier lebend und redend eingeführt werden, ist dann auch eine nicht weiter über-
raschende Personification derselben, zumal ihnen viel-
fach kirchliche Verehrung gezollt wurden. — Auch bei
Peire d'Alvergne kommt (Chr. 76, 16) vout einmal ebenso vor: *dels olhs sembla vout d'argen*, wo Bartsch es
ohne weitere Begründung mit „roue, Rad" erklärt,
während vielmehr an ein silbernes, glotzendes Bild-
werk mit offenen Augen zu denken ist.

10. *a tortura* übersetzt Rayn., mir unverständlich,
mit „*par tordure*"; *tortura* von torquere, ist zunächst
„Verdrehung", dann specieller „Rechtsverdrehung, un-
rechte Handlung". Wie tortum die verdrehte, unrech-
te That, als Gegentheil von directum, so bezeichnet
tortura die Thätigkeit, das Ausüben des Unrechts.

23. ist unklar.

48. Soll dies darauf gehen, dass der Urin ein
beliebtes Mittel zur Entfernung der aufgelegten Schminke
von der Haut und überhaupt zum Abwaschen des Ge-
sichts ist, um den Teint frisch zu erhalten?

68. *non mais* „nichts weiter als, nur".

XIV.

Wir haben hier eigentlich zwei inhaltlich ganz
verschiedene Gedichte vor uns; dennoch gehören sie
eng zusammen, da der Anfang des zweiten sich ausdrücklich auf das vorhergehende bezieht, sie metrisch
und in den Reimen ganz genau übereinstimmen und
in beiden Hss. D u. I, in welchen das zweite einzig
vorzukommen scheint (Vgl. Mahn, Anm. zu Ged. 2,
S. 67), dieses sich unmittelbar an das andere anschliesst.
Da im ersten Theile der klagende Heilige allein
das Wort führt und im anderen auf die kurze Wechsel-

rede zwischen den Heiligenbildern und den Frauen
·(Str. 2—7) noch ein längeres, 11 Strophen umfassen-
des Referat des Dichters über die Beilegung des Strei-
tes und das weitere Verhalten der Weiber in der betreffenden Angelegenheit folgt, haben wir es nur in
sehr beschränktem Sinne hier mit Tenzonen zu thun;
doch lassen sich diese freien, launigen Producte eines
satirisch-humoristischen Geistes kaum einer anderen,
für die provenzalische Dichtung angenommenen Gattung einordnen.

Die Strophe dieser — der Form nach als vers
aufzufassenden — Gedichte, ist nach folgendem Schema gebaut: 8a   Der Reim b geht durch, jedoch nur
        8a   bis zur 8. Str. des zweiten Theils,
        4b   von welcher an auch für ihn mehr-
        8a
        4b   fach andere Reime eintreten.

6. St. Julian wird häufiger als Schutzpatron
der Gastfreundschaft in Anspruch nehmenden Reisen-
den angeführt. So bei Peire Vidal (M G. 42, 4).
Nr. 41, 25:

    Era m'alberc dieus e sains Julians
    E la doussa terra de Canaves,
    Qu'en Proensa non tornarai eu jes etc.

ib. Nr 36, 25:

    Domna, ben ac l'alberc saint Julian
    Quan fui ab vos dins vostre ric ostal.

27. Der Graf und der König, die hier als
Verwüster von Perigord uud Limousin genannt werden,
sollen nach Diez L. u. W. 343 Richard Löwenherz,
Graf von Poitiers, und sein Vater Heinrich II. von
England sein, welche 1183 diese Länder auf das
Strengste züchtigten. Jedoch würde dies mit unserer
Annahme in Betreff der Reihenfolge, in welcher wir
uns die einzelnen Tenzonen gedichtet zu denken haben,
im Widerspruch stehen (Vgl. zu XIII). Da XII in die
Zeit von König Richard's Gefangenschaft (Dec. 1192
— Febr. 1194), also c. in's Jahr 1193 fällt, so wird
dies Gedicht schwerlich vor 1193 oder 1194 entstan-

den sein. Es später, als Diez gethan hat, zu datiren
nöthigt uns auch der Umstand, dass der Mönch vor
1193 (s. XII, 32) seine Absicht, nach Spanien zu Alphons II. zu gehen, noch nicht ausgeführt hatte und
hier ausdrücklich Catalonien's Gastfreundschaft, wahrscheinlich doch, nachdem er sie unterdess an Ort und
und Stelle selber kennen gelernt hatte, besonders rüh-
mend hervorhebt. Endlich ist es überhaupt natürlicher
anzunehmen, dass dies Gedicht, in welchem der Dichter die einzelnen Provinzen des Sprachgebiets der
langue d'oc, je nach dem man ihm in ihnen gastfreund-
lich oder nicht entgegen gekommen war, lobend oder
tadelnd bespricht, gegen Ende und nicht am Beginn
seiner Laufbahn als Fahrender entstand. — Wir haben daher wohl an König Philipp II. August
von Frankreich und Richard Löwenherz,
damals freilich schon König von England, den prov.
Troubadours aber als Graf von Poitiers besonders
lieb und bekannt, zu denken und an die mehrjährigen
Kämpfe, die Letzterer sofort nach seiner Rückkehr
aus der Gefangenschaft 1194 mit Frankreich begann,
und während welcher die beiderseitigen Besitzungen,
namentlich aber solche Grenzdistricte, wie Perigord
und Limousin durch Mord und Verwüstung unsäglich
litten.

1. *fait: plait* (das *i* gehört mehr zum folgenden *t*,
um den palatalen Laut desselben zu bezeichnen, als
zum *a*, wie die Schreibung *fag, fah, fach, plag, plah,
plach* lehren): *mesclat* bilden keinen reinen Reim, sondern mehr eine Assonanz, „*rim sonan bort*" nach L.
d'Am. 1, 144 und 152. Vgl. zu IV. 50.
13. „Und uns raubt ihr die Majestät in dem Aus-
sehen (über *port* vgl. R, L. R. 4. 606) der Gesichter,
wenn ihr euch roth schminkt".
15. Ein Verbum *robegar*, „roth sein, Roth auflegen",
hat bisher noch kein prov. Lexicon verzeichnet; Rayn.
kennt nur (L. R. 5, 102) *rojeiar-rougir*. Es ist von
ruber mit euphonischem Ausfall des zweiten *r* gebildet

durch das Verbalsuffix - icare (*rubricare), das häufig
zur Bezeichnung des mit einer Farbe behaftet sein
verwandt wird, so (vgl. Diez Gr. ² 2, 370) *albicare, nigricare*; it. *rossicare, verdeggiare, biancheggiare*; pr. *blanqueiar*; fr. *indoyer*. — *rojeiar* ist mit demselben, etwas
veränderten Suffix von pr. *roy*, fem. *roja* (it. roggio,
lat. rubeus) gebildet.

22. *lo ron (rons-ruga* Don. Prov. 54ᵇ) habe ich für
überliefertes *la rua* gesetzt, weil das folgende sich darauf beziehende *esfachatz* hier ein Mascul. erforderte.

26. *Ditz*, und nicht *dis*, da sonst überall die directen und indirecten Reden mit dem Präsens ditz oder
dizon eingeführt werden.

27. „Über 25 Jahren (d. h. wenn sie über 25 Jahr
alt sind) gebe ich ihnen zu — gestattet das —, dass
sie dann noch 20 zum Schminken haben, falls ihr damit zufrieden seid".

32. „Denn mehr als 10 werden wir ihnen nicht
zugeben".

42. *los*, scil. *cinc anz*.

54. „Dass jede ihre Schminke mit dem eingerührten Ei zusammenstossen lässt" muss auf die Zubereitungsart der Schminke gehen. — *quecha* (fem. von
quecs, jeder, auch v. 69 und 89) hier und 69 mit dem
bestimmten Artikel davor, was mir sonst unbekannt ist.

59 ist mir unverständlich.

61. *tifeignon*. Rocheg. und Honnorat haben *tifaignon — chignon. toupet*. Da es sonst nicht vorzukommen scheint, ist wohl eher anzunehmen, dass es ein
zur Fabrication der Schminke verwandtes Färbemittel
bezeichnet; ein solches wird auch (62) *angelot* sein.

62. *borrais* wohl identisch mit dem bei Honn. 1,
320, 2 angeführten npr. *bourras*, das den Bodensatz
des frischen Öls bezeichnet.

67—69 sind mir unverständlich geblieben.

68. *convers: es* als Reim nicht unerhört, da *r* vor
nachfolgendem *s* sehr weich und kaum hörbar gesprochen sein muss. Bartsch Leseb. 238 zu 41, 9 — 10,

und Denkm. 55, 12—13, wo *vestirs: critz* (besser *cris*) reimen.

88. „Und dass sie Zindeln kauften, mit denen jede sich bekleidete, wenn sie Neigung dazu haben". *compréssan: an* als Reim, da die 3 Pl. Imperf. Conj. leicht im Anschluss an die 1 u. 2 Pl. den Ton auf die letzte Silbe erhalten konnte, jedenfalls nicht auffälliger, als Bartsch, Denkm. 1, 2—3 *per que: vostré* (allerdings in einer Ballade) oder bei Guir. Riquier 37, 55—57 *ples: nostrés* etc., s. Bartsch l. c. 318 zur angef. Stelle.

XV.

Auch dies ist keine reine Tenzone, da der Dichter beiden Streitenden, dem Reichen und dem Armen, seine eignen Worte in den Mund legt. — Da v. 60 der Graf von Urgel [14]) als Schiedsrichter erwählt wird, scheint das Gedicht erst während des Aufenthalts in Spanien gedichtet zu sein. — Die Strophe zerfällt in 2 congruente Theile, die sich je aus 3 zehnsilbigen Zeilen mit männlichen Reimen und theils männlicher, theils weiblicher Caesur nach der 5. Silbe und einer 4. fünfsilbigen, weiblich reimenden Zeile zusammensetzen; ihr Schema [15]) ist:

5 (˘) + 5 a	Der weibliche Reim geht allein
5 (˘) + 5 a	durch. Man könnte auch im-
5 (˘) + 5 a	mer eine Hälfte schon als Strophe
5b ˘	auffassen, von denen zwei dann
5 (˘) + 5 a	stets durch gleiche Reime gebun-
5 (˘) + 5 a	den wären, doch steht dem der
5 (˘) + 5 a	enge Zusammenhang von v. 4
5b ˘	und 5 in der 1. Str. entgegen.

— Bartsch, Denkm. 318 zu 2, 21 irrt übrigens. wenn er hier dasselbe Versmass, wie in einer dort mitgetheilten Ballade zu finden glaubt, da abgesehen von anderen kleinen Verschiedenheiten dort der 4. und 8.

---

[14]) *Urgel* ist eine Stadt in Catalonien am oberen Segre, einem Nebenflusse des Ebro auf der linken Seite.
[15]) + bezeichnet die Caesurstelle.

fünfsilbigen Zeile unsrer Strophe 2 ein engeres Ganze ausmachende fünfsilbige Zeilen jedesmal entsprechen.

1. Der Zusammenhang lehrt in der Folge, dass unter dem *frairis* nicht ein gewöhnlicher armer Mensch, sondern der Herkunft des Wortes entsprechend, ein *Bettelmönch* zu denken ist.

5. Hier und, wo sonst vereinzelt die Hs. *ditz* hatte, habe ich, um Gleichförmigkeit in der Einführung der Reden herzustellen, in das Practer. *dis* geändert, da für dieses die Majorität der betreffenden Stellen sprach.

34. *formis*, wahrscheinlich dem Reim zu Liebe für *formitz* „Ameise“, die das Symbol des vorsorglich sparenden und Vorräthe aufhäufenden Reichen ist.

45—56. Die Reime zeigen, dass diese Verse in der von mir befolgten Weise zu ordnen sind. 49—52 ist eine Lücke anzunehmen, in der der *manens* erst noch dem *frairi* auf 45—48 antwortete.

45. *graissans*. Es ist ein alter Volksglaube, dass die Kröte vom Fressen der Erde sich nähren müsse und nun in Sorge ist, die Erde könnte doch einmal alle werden, weshalb sie täglich nicht mehr frisst, als sie mit dem linken Fusse fassen kann. Daher ist sie das Sinnbild des Geizes, des Neides und der Gier. — Auf romanischem Gebiete kenne ich ausser der hier vorliegenden, ältesten Anspielung auf diese Fabel, nur noch eine einzige. In den Fiore di Virtù heisst es nämlich (s. Sacchetti, opere pubbl. p. Gigli, Firenze 1857, t. 1, Pref. CIX): *„Botta-E puossi appropriare l'avarizia alla bòtta, che vive di terra, e per paura che la terra non le venga meno, mai non si toglie fame.* Danach ebenso bei Sacchetti a. a. O. p. 256, der sich aus dem *Fiore di Virtù* eine Art Bestiarium ausgezogen hatte. — Auf deutschem Gebiete ist die Sage sehr verbreitet, so schon im Renner v. 4861:

> diu Krote getar der erden nicht
> sat werden, wan si sich versiht
> daz ir der zerinne.

Ähnlich in Vintler's Blume der Tugend, siehe Hpt's Ztschr. 9, 73. Weitere Belege s. Albertinus, Der

Welt Tummel- und Schawplatz, München 1612, 361.
Ztschrft für dtsche Mythol. 1, 362. Garten-
laube 1873, Nr. 8, S. 131, wo auch aus Hans Sachs
zwei Stellen angeführt werden, und Grimm, Dtsch.
Wörterbuch unter Kröte.

XVI.

Dies und die 3 folgenden Gedichte sind der Form
nach vers, dem Inhalt nach sind sie als Sirventesen
und specieller als enueg zu bezeichnen (s. Leys d'Am.
1, 350; auch Bartsch Chr. 372, 4), eine Gedichtsgat-
tung, in welcher der Dichter, ohne einen bestimmten
Gedankengang einzuhalten und mit absichtlicher Zusammenstellung der heterogensten Sachen alle Dinge
aufzählt, die ihm zuwider sind. Ein Gegenstück dazu
ist (Nr. XX) das plazer (L. d'Am. a. a. O.), in welchem er alles ihm liebe und angenehme zusammen-
stellt.

Es sind uns sonst auf dem Gebiete der prov.
Troubadourpoesie keine weiteren Beispiele dieser Dich-
tungsart überliefert. Doch scheint der Mönch v. M.,
falls er sie zuerst cultivirte, damit Beifall gefunden
zu haben, da wir auch in anderen Literaturen der-
artiges finden. So ein afr. „L'escommeniemenz
au lecheor" (Des liederlichen Vagabunden Excom-
munication) betiteltes Gedicht, von dem die Hist. litt.
d. l. Fr. 23, 98 einige (8) Verse in der Originalsprache
anführt und Le Grand d'Aussy, Fabliaux et Romans
du 12. et du 13. s. [3] t. 3, 374 ff. eine genaue Inhaltsangabe liefert. (Vgl. Raynouard's Anzeige davon im
Journ. des Sav. 1830 April p. 199). Dieses, oft äusserst
ausgelassene Gedicht soll die Bannflüche der Kirche
lächerlich machen und, mit den eifersüchtigen Ehemän-
nern beginnend, die zur Strafe von ihren Frauen be-
trogen werden, excommunicirt es der Reihe nach, keinen Stand und keine Altersklasse schonend, den armen Stolzen, das alte Weib, das sich im Spiegel be-
schaut, den Jüngling, der in's Kloster geht, den Reichen,

der allein isst, die arme Frau, die nicht spinnt, den
Ritter der den Krieg hasst u. s. w., so auch den Edel-
mann, der seine Thür dem Spielmanne, der ihm von
Roger Olivier und Roland singen will, verschliesst,
und den Erfinder der Würfel, „*auteur de ma ruine*".
Ein katalonisches enuig de mossen Jordi
(über den Dichter vgl. Ticknor 1, 267, Anm. 3) aus
der Mitte des 15. Jahrh. theilt Bartsch im Jahrb. 2,
288 mit. Es beginnt:

> *Enuig, enamich de jovent,*
> *Combatador del pensament,*
> *M'enuja tant, que res plasent*
> *No puig veher etc.*

und lässt unschwer die Nachahmung, stellenweise
selbst die wörtliche Entlehnung von dem prov. Vorbilde erkennen.

Am schnellsten scheint die neue Dichtungsgattung
in Italien Eingang gefunden zu haben. Die Chro-
nik des Mönchcs Fra Salimbene aus Parma
(geschr. zwischen 1221 und 1288 oder 1290, und her-
ausgeg. in den Monum. histor. ad prov. Parmensem et
Placentinam pertin. III, 1) überhaupt eine ergiebige
Quelle für die Sitten- und Culturgeschichte Italiens im
13. Jahrh. und viele Schwänke, Volkslieder, Satiren u.
dgl. m. enthaltend, führt auch zu wiederholten Malen
aus einem italiänischen Gedicht, das er liber taediorum nennt, und dessen Autor nach ihm ein schon
zu Zeiten seines Oheims lebender Gerhard Patec-
lus war, gelegentlich einige Verse an. Mussafia
hat diese Stellen im Jahrb. 6, 223 ff. zusammen gestellt. Fra Salimbene hat dann auch selber ein
solches liber taediorum 1259 gedichtet (a. a. O.
238). Ebenda hat Mussafia auch ein Sonett gleichen
Inhalts von Bindo Bonichi aus Siena († 1337)
und ein längeres Gedicht derselben Gattung in Terzinen von Antonio Pucci aus Florenz (lebte im
14. Jahrh.), dies aber nur im Auszuge, mitgetheilt.
Nach einigen einleitenden Worten giebt Letzteres in
nicht weniger als 95 Terzinen, die alle mit den Worten

a noja m'è anheben, eine reichhaltige Sammlung von allerlei Unannehmlichkeiten, nam. aber solchen, die auf unanständigem Betragen bei Tisch beruhen. — Das erste Enueg hier ist insofern ein nicht ganz vollkommener Repräsentant der Gattung, als der Dichter in der letzten Str. vom Thema abweicht und des Gegensatzes halber das ihm Angenehme angiebt. Die Str. besteht aus 7 achtsilbigen Zeilen mit den durchgehenden Reimen a a b b a a b und lässt keine Gliederung zu.

1. R o b e r tz vielleicht R. I, Delphin v. Auvergne (1169—1234), s. Einl. S. 7.

XVII.

In der Form sind dies, das folgende Gedicht und das Plazer (XX) ganz gleich, indem sie alle dieselbe aus 6 achtsilbigen Zeilen zusammengesetzte Str. mit *rims continuatz* (a a a etc.) *e singulars* (der Reim wechselt von Str. zu Str.) haben; auch die Eigenthümlichkeit theilen sie mit einander, dass einige Str. weiblich, andere männlich gereimt sind, so dass Diez, Poesie 95 Anm., meint, der Verfasser habe eine eigne Liederart, D e s c o r t, liefern wollen.

10 *avol.* Da sich sonst nie bei dem M. v. M. die spätere zusammengezogene Form *aul* findet, habe ich auch hier in *avol* corrigiren zu müssen geglaubt.

12. K ö l n a m R h e i n, die heilige Stadt ist gemeint, die seit Ankunft der heiligen drei Könige daselbst (1162) das Ziel unzähliger Pilgerfahrten, nicht nur aus Deutschland, sondern auch aus Frankreich, Italien und England geworden war.

XVIII.

6. *massa traire*, L. Rom. unter *traire* übersetzt: *amasser trop;* es heisst aber: „den Streitkolben schleppen". Die *massa* ist eine unritterliche, nur den Knechten zukommende Waffe.

15. „Und wenn eiuer Stück für Stück es (das Brod) mir zuschneidet".

18. *guazailla* „Gewinn", mit dem meist Collectiva bildenden Suffix- *alia* von ahd. *weida* (s. Diez E. W.[2] 1, 228) gebildet, während sonst allerdings durchgängig im Romanischen dieser Stamm nur als *guadagn* — (mit moullirtem n) auftritt, sei es nun direct einem ahd. weidanjan entlehut oder von weida mit dem rom. Suffix — agn weitergebildet.

24. d. h.: wenn die wärmere Jahreszeit vorbei ist.

XIX.

9 achtsilbige Zeilen sind je zu einer Str. verbunden, welche nach der 4. Zeile Diaeresis und davor 2 pedes zu je 2 Versen zulässt.

Ihr Schema ist: a᷄ a᷄:a᷄ a᷄

b b b b b.

Die Reime wechseln von Str. zu Str. und sind unter ihnen alle Vocale vertreten. Nach der Angabc von Hs. *R* ist die Singweise *el so de la rassa*, d. h. im Tone eines Gedichtes vou Bertran de Born, (M. W. 1, 270) das zu Anfang jeder Str. den Verstecknamen **Rassa** (Bezeichnung Gottfried's von Bretagne, dritten Sohnes Heinrich's II. von England, M. W. 1, 259) wiederholt. Doch ist zwischen beiden Strophen der Unterschied, dass die Bertran's 6 weibliche Verse statt hier nur 4 hat und daher elfzeilig ist.

3. *J* u. *R* lesen *autr' aucire*, was, obwohl Bartsch es annimmt, nur wenig befriedigt, *C* hat *autr assire*, u. danach habe ich mit Tobler *aut assire* gebessert, wobei an Jemand gedacht werden muss, der seinen Platz bei Tisch zu hoch, zu weit nach oben haben will.

4. *cavals* ist das zu Streit und Kampf bestimmte edle Ritterross, das durch Ziehen des Karren entwürdigt wird. (T.)

17—18. d. h.: daheim ist der auswärts prahlende Ritter ein simpler Koch.

21. *Ribeira*, afr. *riviere*, ist die Vogeljagd, Beize der *cassa*, afr. *chasse*, auch *bois*, der Jagd mit Pfeil und Bogen im Walde gegenüberstehend. Vgl. Bertran de Born, M. W. 1, 271:

> *Mais am que ribeira ni cassa,*
> *Que ricx hom m'acuelh e m'abrassa*, wo

Rayn. L. R. 5, 91, 2 darunter *pêche* verstanden haben will; das Fischen galt aber für eine völlig unritterliche Beschäftigung. (T.)

25. *mati* zeigt, dass es sich um den „anegang" handelt. Kampflustige Thiere, wie Bär,'Wolf u. a. m., denen man des Morgens beim Ausziehen auf ritterliche Abentheuer begegnet, bringen Glück; Priester, Weiber, Krüppel, unkriegerische Thiere u. s. w. bedeuten dagegen Unglück. Vgl. Cento novelle antiche No. 33.

32. Die Bedeutung von *tempradura* ist hier nicht ganz klar. Rayn. L. R. 5, 317, 2 übersetzt: *longue attente*, wozu die Abtheilung in *long' atempradura* (langes Hinausschieben) besser passen würde. Vielleicht ist an ein langes Stimmen der Instrumente, bevor gespielt wird, zu denken, da *tempr.* oft von der Stimmung derselben, allerdings sonst in passivem Sinne, gebraucht wird. (T.)

34. Wahrscheinlich ist richtiger mit einer kleinen Aenderung von *J* zu lesen: *E correr per via a glatz*, indem in *C* und *R* ab caval durch Versehen des Schreibers aus der nächsten Zeile hierher kam.

39. *cazerna*, Rayn. und Bartsch: *débauchée*; diese ist aber schon v. 31 dagewesen. *Cazerna* ist sonst immer, und so wohl auch hier, die „Soldatenhütte" (vgl. npr. *descazernar - chasser*, *déposséder* bei Honn. 1, 682, 3); in der folgenden Zeile ist deshalb *me* für *m'en* zu lesen.

42. „Wenn der, welcher den Topf wäscht, den Hof macht." Bartsch's Abtheilung der Buchstaben *la vol la enquer* bleibt unklar, selbst wenn *cazerna* in seiner Weise verstanden und *la* darauf bezogen wird (T.).

54. Zum Turnier gehören schwere Lanzen und wuchtige Schwerdter, nicht der leichte Pfeil und Bogen.

60. *dezacort* ohne das S des Nom. Sing. dem

Reime zu Liebe; oder ist hier ein Nom. Plur. mit dem Verbum im Sing. *(enoja* und *fai)* verbunden?

63. *a lor tort* „während sie Unrecht haben.“ Vgl. MW. 1, 344: *Aissi perdra ma don' al sieu tort me,* MG. 338, 1: *a son tort m'a touta s'amor* (T.).

65. *R* 's Lesart *gazals can trop s'atira* scheint vorzuziehen. Rayn. 3, 448, 2, übersetzt *g.* mit *bavarde* von *gazalhar-bavarder.* — Da sich auch *gaal* mit ausgefallenem z findet, muss das *z* in *gazal* auf ursprgl. *d* beruhen (cf. *adirar, azirar, aïrar,* dagegen nur *caza,* lat. *casa)* und kommen wir so auf das früh mittellateinisch sich findende *gadalis-meretrix,* keltischen Ursprungs. Hierzu gehört auch afr. *gaalise, gaelise, jaelise* z. B. Chev. au lyon 4109. Also „eine alte Buhlerin, die sich zu sehr schmückt und eine arme Metze ärgert“ (Bartsch trennt fälschlich *a ira* v. 66). Auch *L: gaal que fai formia* „die die Feine spielt“ sagt ziemlich dasselbe (T.).

67. *cambras* ist wohl nur Druckfehler bei Bartsch. Das Beschaun der Beine scheint als Kennzeichen des schlechten Reiters gegolten zu haben, vgl. Denkm. 125, 33:

> *E cavalguar no sabem*
> *Si no que los pes mirem.* (T.)

70. *Segnoratz* (Bartsch: *senhorat),* ist ein ἅπ. εἰρ. entweder mit Suffix-*atus* wie *comtat, ducat,* gebildet „eine Herrschaft, die (die Untergebenen) zu sehr schindet,“ oder mit-*att,* it-*atto,* das die Jungen der Thiere bezeichnet; wie pr. *colombat, leonat* etc. (Diez[2], 2, 346), so hier *segnorat* „ein Duodezfreiherr,“ it *signorotto* (T.).

tondre „scheeren, aussaugen“ vgl. Guillem Fig. Chr. 199, 25: *al comte que ton los Frances elz escorsa.*

XX.

Ein anderes prov. Plazer ist das berühmte, früher Bertran de Born zugeschriebene Gedicht des Guillem de Saint Gregori „*Bem platz lo gais temps de pascor*“ Chr. 159, 16.

27. *auze* ist wie *so* v. 26 1. Sing. Praes. Ind.

XXI.

Diese einzelne Str. findet sich nur in *H,* und zwar
ohne jeden erklärenden Zusatz, während sonst diese
Hs. solchen einzelnen, meist zwischen den Dichtern ge-
wechselten Strophen gewöhnlich biographische Bemerkungen zur Erläuterung hinzufügt. Der hier genannte
reis Joanz kann nur Johann „ohne Land" von
England sein; wer aber der zuerst angeredete, mit
einem Könige Alphons befreundete, von der Provence
und der Lombardei hochgeehrte Herrscher ist, war nicht
festzustellen. Unter dem reis N Amfos kann — da
Alphons II. von Aragonien, vor dem Regierungsantritt
Johann's 1196 starb, entweder Alphons VIII. von Ca-
stilien (1158—1214) oder Alphons IX. von Leon (1188—
1229), Gönner des Guiraut von Borneil (D. L. u. W.
133) zu suchen sein.

7. Nicart scheint ein Verderbniss für irgend einen
geographischen Namen aus England zu sein. Die Stelle
bedeutet „Und auch König Johann würde zu N. ebenso
wenig Herrschaft besitzen, als zu Saint Maixant (einer
nicht unbedeutenden Stadt in Poitou, Diöc. Poitiers, mit
einer alten Abtei), wenn er nach dem Rath der Diener
verfahren wäre", d. h. wäre König Johann dem Rathe
böser, ihn zur Fortsetzung des Kampfes drängender
Diener gefolgt, und hätte er sich nicht dem Könige von
Frankreich im Frieden vom Jahre 1200 (oder 1206?)
gefügt, so würde er nicht nur seine Besitzungen in
Frankreich, sondern auch die Herrschaft in England
selbst verloren habe.

DRUCKFEHLER.

S. 3 Z. 7 von unten ist statt Universelle : Universel zu lesen.

„ 5 „ 14 „ „ „ „ v. 17 : v. 70 „ „

„ 6 „ 1 „ „ „ „ v. 406, 19 : 401, 10 „ „

„ 7 „ 10 „ „ „ „ Roussignol : Roussillon „ „

„ 7 „ 4 „ „ „ „ werke : Werke „ „